英語・中国語・ベトナム語 部分訳付き
With English, Chinese, and Vietnamese translations
有英文、中文、越南文翻译
Có bản dịch tiếng Anh, tiếng Trung và tiếng Việt

てに
をは

くらべてわかる

てにをは
日本語助詞ドリル

入門・初級コース

Understand Through Comparison :Japanese "てにをは" Particle Drills
Introductory / Beginner Course
比较并了解 "てにをは" 日本助词
入门・初级水平
So sánh để hiểu
Luyện tập trợ từ tiếng Nhật "てにをは"
Nhập môn sơ cấp 问题集

大阪 YWCA
氏原庸子・清島千春・井関幸・影島充紀・佐伯玲子 共著

入門	初級	初中級	中級	上級

Jリサーチ出版

はじめに

Preface
前言
Mục lục

「日本語のなかで、何がむずかしいですか」と聞くと、「助詞です」という答えをよく聞きます。日本で育った人は、生まれてから自然に助詞を身につけていきますから、助詞だけを勉強するということはありません。けれども、外国語として日本語を勉強している人のなかには、自分の使っていることばには「助詞」がない、という人もいます。

この本は、「助詞」を勉強したいと思っているみなさんの役に立ちたい、みなさんの勉強の助けになってほしいと思って作りました。わかりやすい助詞の説明と、かんたんな確認ドリルがあります。また、似ている助詞とくらべて、ここがちがうところ、ポイントだということも書いてあります。

これだけで日本語が上手になるということはありませんが、みなさんの不安が少しでも小さくなり、自信を持って日本語を使えるようになればいいなと思います。そして、みなさんの日本語を使う毎日が楽しく豊かになることを心から願っています。

著者一同

当问起“日语中什么地方难？”时，经常听到的是“助词”。在日本长大的人从小就自然地会使用助词，他们不会特意去学习助词。但是，我们会发现作为外语而学习日语的人，他们说的日语中常常没有助词。

这本书就想对学习“助词”的人能有所帮助。书中有易于理解的助词解释和简单的确认练习。　还有将类似助词加以比较，并说明其不同之处的要点所在。

虽然仅凭这一点并不能说就能提高您日语的水平，但是如果能减轻大家的焦虑，并能够有自信地使用日语，我们将无比荣幸。真诚地祝愿您每天使用的日语会变得有趣且丰富多彩。

作者一同

When asking what's difficult in the Japanese language, one often hears the answer, "particles." Because people raised in Japan naturally learn particles from the time they are born, they do not have to study them specifically. However, those studying Japanese as a foreign language may not have particles in the language they normally use.
This book was made in order to help people interested in studying particles, as well as language learners in general. It contains easy to understand explanations of particles and simple drills to test your understanding. It also compares similar particles and explains how they are different.

While this alone will not allow you to master Japanese, we would like it to ease your concerns and allow you to speak Japanese with confidence. We also sincerely hope that your time using Japanese becomes something rich and enjoyable.

The Authors

Khi chúng tôi hỏi người học "Trong tiếng Nhật học cái gì khó?" thì thường nhận được câu trả lời "Là trợ từ!". Với người lớn lên tại Nhật Bản thì từ khi sinh ra đã ghi nhớ được cách dùng một cách tự nhiên nên không bao giờ học trợ từ riêng biệt. Thế nhưng, trong những người học tiếng Nhật có nhiều người thuộc quốc gia ngôn ngữ của họ không có khải niệm "trợ từ".

Cuốn sách này được viết với mong muốn giúp ích cho người muốn học "trợ từ" và hỗ trợ cho việc học của họ. Sách bao gồm những giải thích dễ hiểu và bài luyện tập đơn giản. Ngoài ra còn có so sánh những trợ từ giống nhau, chỉ ra những điểm khác nhau của chúng cũng như những điểm cần chú ý.

Chỉ với nội dung này thôi chắc chưa đủ để giúp bạn giỏi tiếng Nhật lên nhưng chúng tôi hy vọng giúp bạn giảm bớt được lo lắng khi học, có thêm tự tin khi sử dụng tiếng Nhật . Và chúng tôi cũng mong rằng việc cùng tiếng Nhật hàng ngày sẽ giúp bạn thấy cuộc sống phong phú, thú vị hơn.

Nhóm tác giả

目次

Table of Contents
目录
Lời nói đầu

はじめに Preface ／前言／ Lời nói đầu ・・・・・・・・・・・・・・・・・・・・・・・・・・・・・・・・・・・ 3

この本の使い方 How to Use This Book ／本书指南／ Cách sử dụng cuốn sách này ・・・・・・・・・・ 6

PART 1 1つずつ理解 Understand one at a time 逐个理解 Hiểu từng trợ trợ 10

グループ1

格助詞 名詞などの後に付いて、その語と他の語との関係を表す 10

Case particle 格助词 Trợ từ cách

Follows nouns and more to express the relationship between that word and others
用在名词之后，表示该词与其他词之间的关系
Đứng sau danh từ v.v..., chỉ mối quan hệ giữa từ đó với các từ khác.

UNIT1 ～に・・・・・ 10
UNIT2 ～へ・・・・・ 21
UNIT3 ～で・・・・・ 24
UNIT4 ～の・・・・・ 31
UNIT5 ～と・・・・・ 38
UNIT6 ～を・・・・・ 44
UNIT7 ～が・・・・・ 52
UNIT8 ～から・・・ 66
UNIT9 ～まで・・・ 75
UNIT10 ～より・・・ 79

グループ2

並列助詞 二つ以上のことばを対等な関係で並べる 83

Parallel particle 并列助词 Trợ từ liệt kê

Listing two or more words in an equal relationship
将两个以上的词语对等排列
Hai từ trở lên có mối quan hệ ngang bằng

UNIT1 ～と・・・・・ 83
UNIT2 ～も・・・・・ 86
UNIT3 ～や・・・・・ 88
UNIT4 ～し・・・・・ 91
UNIT5 ～たり・・・ 95

グループ3

副助詞 さまざまなことばに付いて、副詞のような働きをする 100

Adverbial particle 副助词 Phó trợ từ

Attached to various words to work like adverbs
与各种单词相连时充当副词
Có chức năng như phó từ, đi kèm được với nhiều từ loại.

UNIT1 ～は・・・・ 100
UNIT2 ～も・・・・ 107
UNIT3 ～だけ・・ 109
UNIT4 ～しか・・ 112
UNIT5 ～なら・・ 115

グループ4

接続助詞（せつぞくじょし） 文の中で、前後をつなぐ働きをする　118

Conjunction / 接续助词 / Trợ từ kết nối

Acts to connect what comes before and after in a sentence
连接前后句子
Có chức năng kết nối vế trước sau trong câu

UNIT1 ～て／で ……………… 118　UNIT2 ～けれど ……………… 125

グループ5

終助詞（しゅうじょし） 文末に付いて、話者の気持ちや態度を表す　128

Final particle / 终助词 / Trợ từ kết

Comes at the end of a sentence to express the speaker's feelings or attitude
用在句末，表达说话者的感受或态度
Đặt ở cuối cấu để diễn ta cảm xúc, thái độ của người nói

UNIT1 ～よ …… 128　UNIT2 ～ね …… 134　UNIT3 ～な …… 138

PART 2 くらべて理解（りかい）

Compare and understand
进行比较理解
So sánh để hiểu

141

UNIT1 「～で」「～に」をくらべてみよう ………… 142
UNIT2 「～に」「～へ」をくらべてみよう ………… 144
UNIT3 「～と」「～に」をくらべてみよう ………… 147
UNIT4 「～は」「～が」をくらべてみよう ………… 150
UNIT5 「～を」「～から」をくらべてみよう ……… 154
UNIT6 「～と」「～や」「～か」をくらべてみよう …… 157
UNIT7 「～まで」「～までに」をくらべてみよう …… 160
UNIT8 「～しか」「～だけ」をくらべてみよう ……… 163
UNIT9 「～て」「～ので」「～から」をくらべてみよう 166
UNIT10 「～よ」「～ね」をくらべてみよう ………… 169

まとめドリル Review Drills ／综合练习／ Bài luyện tập tổng hợp ………………… 173

別冊（べっさつ）　確認（かくにん）ドリルの答（こた）え

[Supplement] Answers to Confirmation Drills
[分册] 确认练习的答案
[Phụ lục] Đáp án bài luyện tập

この本の使い方

How to Use This Book
本书指南
Cách sử dụng cuốn sách này

PART 1　1つずつ理解

Understand one at a time
逐个理解
Hiểu từng trợ trợ

● 助詞のタイプによって５つのグループに分類しています。
Particles are divided into five groups by type.
根据助词类型分为五组。
Chia thành 5 nhóm trợ từ.

● 基本的な例文です。
A basic example sentence.
是一个基本例句。
Câu ví dụ cơ bản.

● 取り上げている項目の通し番号です（グループ内）。
とお ばんごう ない
Sequential numbers for items being discussed (within the group).
是所涵盖的项目(在组内)的序列号。
Đánh số thống nhất các mục được nêu ra (trong nhóm)

● 主な意味・働きを示しています。
おも いみ はたら しめ
Indicates major meanings and functions.
表示主要含义 / 功能。
Giải thích ý nghĩa, chức năng chính.

● 例文を通して、意味や使い方、文の中の位置や他の語とのつながりを確認します。
れいぶん とお いみ つか かた
ぶん なか いち ほか ご
Use example sentences to confirm meanings, usage, placement in sentences, and connections to other words.
通过例句确认其含义、用法、在句子中的位置以或与其他单词的联系。
Thông qua câu ví dụ để xác nhận ý nghĩa, cách dùng, vị trí trong câu và mối quan hệ với những từ loại khác.
き ほんてき れいぶん

グループ１　格助詞

名詞などの後に付いて、その語と他の語との関係を表す
Follows nouns and more to express the relationship between that word and others. ／用在名词之后，表示该词与其他词之间的关系。／ Đứng sau danh từ v.v..., chỉ mối quan hệ giữa từ đó với các từ khác.

UNIT 6

～を

リンゴを　食べます。
I eat apples. ／我吃苹果。
Ăn táo.

公園を　散歩します。
I walk in the park. ／我在公园散步。
Đi tản bộ trong công viên.

をの いみ・はたらき 1

動作の対象を示す
Indicates the target of an action.
表示动作的对象
Đối tượng của động tác

名詞に付いて動作の対象を示し、他動詞に続きます。
Added to nouns to indicates the target of an action, followed by a transitive verb.
附加在名词上表示动作的对象，与及物动词一起使用。
Đi với danh từ chỉ đối tượng của động tác, tiếp theo đó là động từ.

❶ 水**を**　飲みます。
I drink water.
喝水。
Uống nước.

❷ タクシー**を**　呼びます。
I call a taxi.
叫出租车。
Gọi taxi

❸ ドローン**を**　飛ばしました。
I flew a drone.
驾驶无人机。
Điều khiển fly cam.

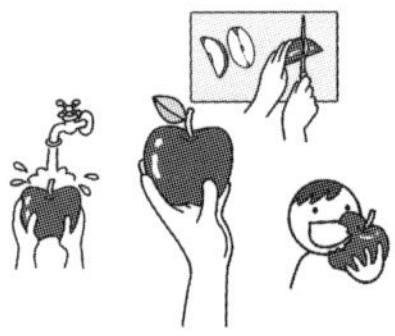

りんご**を**　食べます

44

- 理解するためのポイントを示しています。
  Indicates advice for understanding.
  指出理解要点。
  Chỉ ra những điểm chú ý để hiểu rõ.

PART 1　一つずつ理解

ポイント

「する」「～する」の場合、「を」や「の」で対象を示しますが、１つの文で「を」を２つ使うことはできません。また、「の」で対象を示した場合、「を」を省略することはできません。

When using「する」or「～する」,「を」or「の」are used to indicate the target, but「を」cannot be used twice in one sentence. Also, when a target is indicated with「の」,「を」cannot be omitted.
在使用"する"和"～する"时，用"を"或"の"表示对象，但不能在一个句子中使用两次"を"。另外，如果用"の"表示对象时，"を"不能省略。
「する」「～する」thì「を」hoặc「の」để chỉ đối tượng, nhưng trong 1 câu không được dùng「を」2 lần. Ngoài ra, khi dùng「の」để chỉ đối tượng thì không thể lược bỏ「を」.

くらべて わかる

O 車**を**　運転する。
✕ 車**を**　運転**を**　する。

O 車**の**　運転**を**　する。
✕ 車**の**　運転する。

グループ1　に　へ　で　の　と　を　が　から　まで　より

確認ドリル 1　｛　｝の　中の　正しい　ほうを　えらんで　○を　書いて　ください。

(1) 子どもを｛ 起こし ・ 起き ｝ます。
(2) パソコンを｛ 消え ・ 消し ｝ます。
(3) 手袋を｛ 落ち ・ 落とし ｝ました。
(4) たまごを｛ 割れ ・ 割り ｝ます。

➡ 答えは別冊 p.4

45

- 文をくらべてポイントを確認します。
ぶん
かくにん
  Compare sentences to confirm important points.
  通过句子的比较来理解去要点。
  So sánh câu để biết điểm quan trọng.

O＝ 正しい使い方の文
ただ　　つか　かた　ぶん
A sentence with correct usage
正确用法句
Câu sử dụng đúng

✕＝ 間違った使い方の文
まちが　　　つか　かた　ぶん
A sentence with incorrect usage
用法不正确的句子
Câu sử dụng sai

△＝ 間違いではないが、あまり自然ではない文など
A sentence that is not incorrect but is not very natural, etc.
没有错误但不太自然的句子
Không sai nhưng không được tự nhiên v.v...

- 理解できたかどうか、確認します。間違ったら復習しましょう。書いて答える問題の場合、漢字で書いても、ひらがなで書いてもいいです。
りかい　　　　　　　かくにん　　　　　まちが　　　　ふくしゅう
か　　こた　　もんだい　ばあい　　かんじ　か　　　　　　　　　　　　　か
  Check if you've understood it or not. If you were wrong, try reviewing it again.
  For questions where you write the answer, you may write it in kanji or in hiragana.
  确认是否理解。如果有错误，请复习确认。书写回答问题时，既可以用汉字也可以用平假名。
  Xác nhận xem đã hiểu hay chưa. Ôn tập lại nếu làm sai.
  Với bài tập viết thì có thể viết bằng chữ Hán hoặc chữ Hiragana đều được.

PART 2 くらべて理解

Compare and understand
进行比较理解
So sánh để hiểu

- 意味や使い方が似ているものを複数取り上げて学習します。
い　み　つか　かた　に　　　　　　　　ふくすう　と　　　あ　　　　　がくしゅう
  Learn using multiple items with similar meanings or usage.
  通过列举多个具有相似含义和用法的单词来学习。
  Đưa ra nhiều từ có ý nghĩa, cách dùng giống nhau để học.

- それぞれの特徴を示しています。
  Indicates each of their characteristics.
  说明各自的特征。
  Chỉ ra đặc điểm của từng từ.

- 基本的な理解ができたか、確認します。
き　ほんてき　り　かい　　　　　　　かくにん
  Check if you've gained a basic understanding.
  确认是否基本了解。
  Xem lại xem đã lí giải đúng cơ bản chưa.

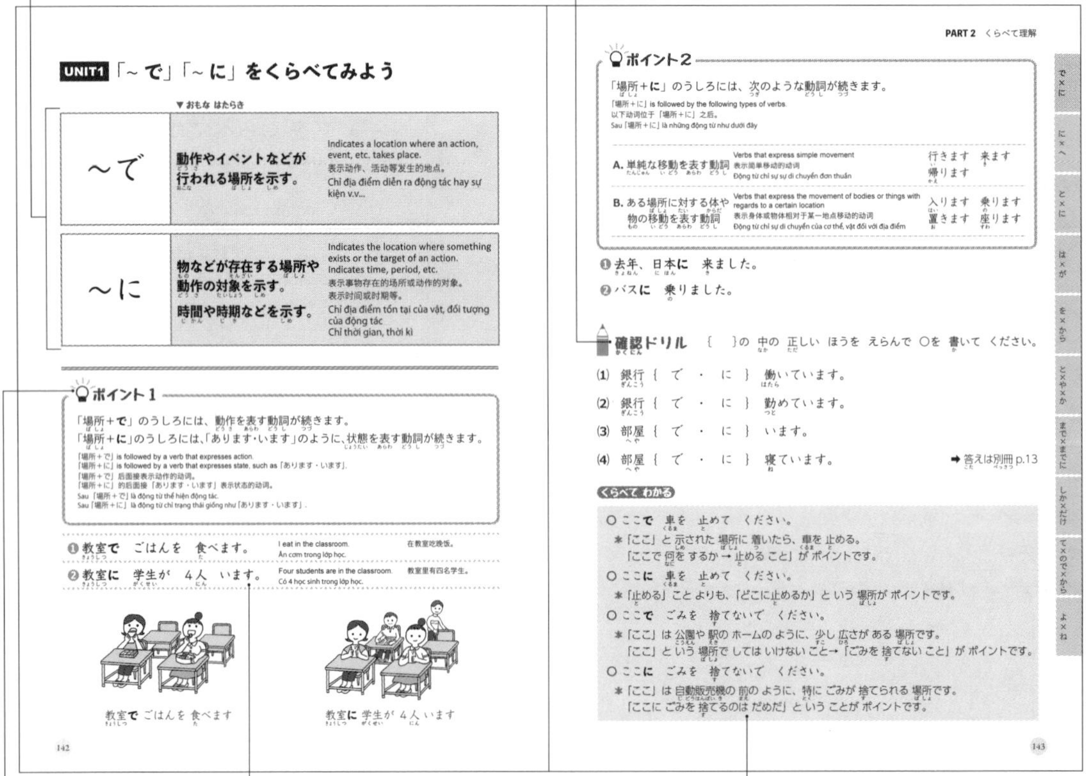

UNIT1 「～で」「～に」をくらべてみよう

▼おもな はたらき

～で	動作やイベントなどが行われる場所を示す。	Indicates a location where an action, event, etc. takes place. 表示动作、活动等发生的地点。 Chỉ địa điểm diễn ra động tác hay sự kiện v.v...
～に	物などが存在する場所や動作の対象を示す。時間や時期などを示す。	Indicates the location where something exists or the target of an action. Indicates time, period, etc. 表示事物存在的场所或动作的对象。表示时间或时期等。 Chỉ địa điểm tồn tại của vật, đối tượng của động tác Chỉ thời gian, thời kì

ポイント1

「場所＋で」のうしろには、動作を表す動詞が続きます。
「場所＋に」のうしろには、「あります・います」のように、状態を表す動詞が続きます。
「場所＋で」is followed by a verb that expresses action.
「場所＋に」is followed by a verb that expresses state, such as「あります・います」.
「場所＋で」后面接表示动作的动词。
「場所＋に」的后面接「あります・います」表示状态的动词。
Sau「場所＋で」là động từ thể hiện động tác.
Sau「場所＋に」là động từ chỉ trạng thái giống như「あります・います」.

❶教室で ごはんを 食べます。 I eat in the classroom. Ăn cơm trong lớp học. 在教室吃晚饭。
❷教室に 学生が 4人 います。 Four students are in the classroom. Có 4 học sinh trong lớp học. 教室里有四名学生。

教室で ごはんを 食べます
教室に 学生が 4人 います

142

PART 2 くらべて理解

ポイント2

「場所＋に」のうしろには、次のような動詞が続きます。
「場所＋に」is followed by the following types of verbs.
以下动词位于「場所＋に」之后。
Sau「場所＋に」là những động từ như dưới đây

A. 単純な移動を表す動詞	Verbs that express simple movement 表示简单移动的动词 Động từ chỉ sự di chuyển đơn thuần	行きます 来ます 帰ります
B. ある場所に対する体や物の移動を表す動詞	Verbs that express the movement of bodies or things with regards to a certain location 表示身体或物体相对于某一地点移动的动词 Động từ chỉ sự di chuyển của cơ thể, vật đối với địa điểm	入ります 乗ります 置きます 座ります

❶去年、日本に 来ました。
❷バスに 乗りました。

確認ドリル 〔 〕の 中の 正しい ほうを えらんで ○を 書いて ください。

(1) 銀行〔 で ・ に 〕 働いています。
(2) 銀行〔 で ・ に 〕 勤めています。
(3) 部屋〔 で ・ に 〕 います。
(4) 部屋〔 で ・ に 〕 寝ています。 ➡答えは別冊 p.13

くらべて わかる

○ここで 車を 止めて ください。
＊「ここ」と示された場所に着いたら、車を止める。
「ここで何をするか → 止めること」がポイントです。
○ここに 車を 止めて ください。
＊「止める」ことよりも、「どこに止めるか」という場所がポイントです。
○ここで ごみを 捨てないで ください。
＊「ここ」は公園や駅のホームのように、少し広さがある場所です。
「ここ」という場所でしてはいけないこと→「ごみを捨てないこと」がポイントです。
○ここに ごみを 捨てないで ください。
＊「ここ」は自動販売機の前のように、特にごみが捨てられる場所です。
「ここにごみを捨てるのはだめだ」ということがポイントです。

143

- 例文で具体的に確認します。
れいぶん　ぐ　たいてき　かくにん
  Get specific confirmation through example sentences.
  通过例句来具体确认。
  Xem lại cụ thể bằng câu ví dụ.

- 区別のポイントを示しています。
  Indicates points of differentiation.
  说明去区别要点。
  Chỉ ra điểm mấu chốt để phân biệt.

- 文をくらべながら、理解を深めます。
  Compare sentences and deepen your understanding.
  通过句子的比较来加深理解。
  So sánh câu để hiểu thấu đáo hơn.

PART 1

1つずつ理解

りかい

Understand one at a time

逐个理解

Hiểu từng trợ trợ

グループ 1
格助詞(かくじょし)

Case particle
格助词
Trợ từ cách

名詞(めいし)などの後(あと)に付(つ)いて、その語(ご)と他(ほか)の語(ご)との関係(かんけい)を表(あらわ)す

Follows nouns and more to express the relationship between that word and others.
用在名词之后，表示该词与其他词之间的关系。
Đứng sau danh từ v.v..., chỉ mối quan hệ giữa từ đó với các từ khác.

UNIT 1

～に

今(いま)、どこに　いますか。

Where are you right now? ／你现在在哪儿?
Bây giờ đang ở đâu?

これから　友(とも)だちに　電話(でんわ)します。

I'm going to call my friends. ／我现在给朋友打电话。
Bây giờ tôi sẽ gọi điện cho bạn.

にの いみ・はたらき 1

場所(ばしょ)や地点(ちてん)を示(しめ)す①

Indicating place or position ①
表示场所或地点 ①
Diễn tả nơi chốn, địa điểm ①

ものや人(ひと)が存在(そんざい)する場所(ばしょ)や地点(ちてん)を示(しめ)します。
Indicates the place or position where an object or person exists.
表示事物或人存在的场所或地点。
Dùng cho địa điểm hay nơi chốn tồn tại của người và vật.

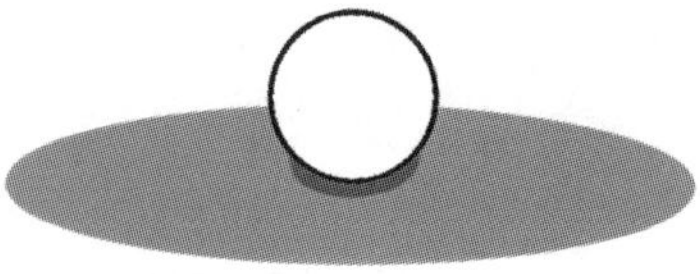

～**に** います、～**に** あります

❶ 今(いま)、ホテル**に**　います。
I am at the hotel right now.
我现在在酒店。
Hiện tại đang ở khách sạn.

❷ 家族(かぞく)は　アメリカ**に**　います（住(す)んでいます）。
My family is in (lives in) America.
我的家人(居住)在美国。
Gia đình (sống) ở Mỹ.

❸ ここ**に**　荷物(にもつ)が　あります。
There is luggage here.
行李在这里。
Có hành ở đây.

よく 使(つか)う 動詞(どうし)　います　あります　住(す)みます

確認ドリル 1

［　　］の　中から　ことばを　えらんで、「に」を　つけて　入れましょう。　※同じ　ことばを　２回　えらぶことは　できません。

例：日曜日は　外出しませんでした。ずっと　＿＿家＿＿（に）　いました。

(1)　この　ビルの　＿＿＿＿＿＿（　　　）　レストランが　あります。

(2)　A：すみません、田中先生は　どこですか。
　　B：＿＿＿＿＿＿（　　　）　いますよ。

(3)　山田さんは　＿＿＿＿＿＿（　　　）　住んでいます。

家	北海道	２階	教室

➡ 答えは別冊 p.2

にの
いみ・はたらき
2

場所や地点を示す②

Indicating place or target ②
表示地点或对象 ②
Diễn tả nơi chốn, địa điểm ②

動作や行為が行われる場所や対象を示します。
どうさ こうい おこな ばしょ たいしょう しめ
動作が行われて、その状態が続く場合に使います。
どうさ おこな じょうたい つづ ばあい つか

Indicates an action or act's place or target.
It is used when an action takes place and continues to do so.
表示动作或行为所发生的地点或对象。
用于行为及状态持续的地点。
Dùng cho địa điểm diễn ra và đối tượng của động tác, hành động.
Dùng khi hành động diễn ra và vẫn đang tiếp tục trạng thái đó.

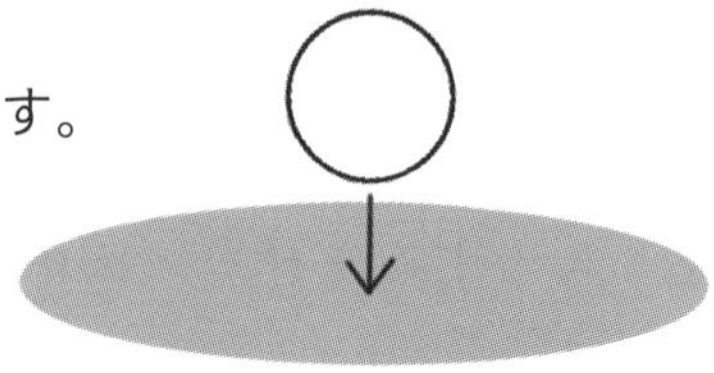

〜**に** 立ちます、〜**に** 座ります

---

❶ みなさん、あの　木の前**に**　立ってください。

Everyone, please stand in front of that tree.
请大家站在那棵树前面。
Mọi người, hãy đứng vào trước cái cây kia.

---

❷ ベンチ**に**　座りましょう。

Let's sit on a bench.
我们坐到长凳上吧。
Ngồi xuống ghế.

---

❸ 教室**に**　集まってください。

Please gather in the classroom.
请到教室集合。
Hãy tập trung ở phòng học.

---

❹ 駅の　そば**に**　新しい　カフェが　できました。

A new café opened near the station.
车站旁边新开了一家咖啡馆。
Có quán cà phê mới ở cạnh ga.

よく 使う 動詞　立ちます　座ります　集まります　並びます　できます
つか どうし た すわ あつ なら

確認ドリル2

□の　中から　ことばを　えらんで、「に」を　つけて　入れましょう。　※同じ　ことばを　2回　えらぶことは　できません。

(1) ＿＿＿＿＿＿＿（　　）コンビニが　できました。とても　便利です。

(2) A：山下さんは　どの　人ですか。
B：＿＿＿＿＿＿＿（　　）立っている　人ですよ。

(3) 明日は　＿＿＿＿＿＿＿（　　）集まって、電車で　行きましょう。

(4) どこでも　いいですから、＿＿＿＿＿＿＿（　　）座ってください。

あそこ	家の 近く	空いている 席	駅の 前

➡ 答えは別冊 p.2

にの いみ・はたらき 3	場所や地点を示す③ ばしょ ちてん しめ	Indicating place or target ③ 表示地点或对象 ③ Diễn tả nơi chốn, địa điểm ③

動作や行為が向けられる場所や地点、移動の到達点を示します
どうさ こうい む ばしょ ちてん いどう とうたつてん しめ
Indicates the direction or position that an action or act is directed in, or the terminal point of movement.
表示动作或行为所面向的场所或地点，或到达的目的地。
Dùng cho địa điểm của hành động, động tác đang hướng tới, điểm đích của hành động di chuyển.

❶ 毎日、学校に 行きます。
まいにち がっこう い

I go to school every day.
每天都去学校。
Hàng ngày tôi đi đến trường.

❷ もうすぐ 東京に 着きます。
とうきょう つ

We will almost arrive in Tokyo.
马上就到东京了。
Sắp tới Tokyo.

❸ 今、駅に 向かっています。
いま えき む

I am heading to the station right now.
我现在正往车站去。
Đang đi đến ga.

❹ いつも スーパーに 寄って 帰ります。
よ かえ

I always go by the supermarket on my way home.
我回家的路上总是顺便去超市。
Lúc nào tôi cũng ghé vào siêu thị trước khi về nhà.

よく 使う 動詞 行きます 着きます 向かいます 寄ります
つか どうし い つ む よ

確認ドリル3 □の 中から ことばを えらんで、「に」を つけて 入れま
かくにん なか い
しょう。 ※同じ ことばを 2回 えらぶことは できません。

(1) 来月 _____（ ） 行って、化粧品を 買います。
らいげつ い けしょうひん か

(2) けさ _____（ ） 寄って、お金を 出して 来ました。
よ かね だ き

(3) 今、電車の 中です。 _____（ ） 着いたら こちらから
いま でんしゃ なか つ
電話します。
でんわ

(4) たくさんの 人が 駅から _____（ ） 向かっています。
ひと えき む

銀行 ぎんこう	コンサートの会場	駅 えき	韓国 かんこく

➡ 答えは別冊 p.2

にの
いみ・はたらき
4

対象となる物や場所を示す

Indicates a target object or place
表示对象的事物或场所。
Diễn tả vật và địa điểm là đối tượng của hành động

動作や行為の対象となる物を示します。
どうさ　こうい　　たいしょう　　もの　しめ

Indicates an object that is the target of an action or act.
表示事物或人存在的场所或地点。
Dùng cho vật là đối tượng của một động tác hay hành vi.

❶ 毎朝、この 電車**に** 乗ります。
まいあさ　　　でんしゃ　　の

I get on this train every morning.
我每天早上都乘坐这趟电车。
Sáng nào tôi cũng lên tàu này.

❷ テーブル**に** スマホを 置きました。
I placed my smartphone on the table.
我把智能手机放在桌子上。
Đặt điện thoại ở bàn.

❸ コーヒー**に** ミルクを 入れます。
I put milk in my coffee.
在咖啡中加入牛奶。
Cho sữa vào cà phê.

❹ この 紙**に** 名前を 書いて ください。
Please write your name on this paper.
请在这张纸上写下您的名字。
Viết tên vào giấy.

よく 使う 動詞　乗ります　置きます　入れます　書きます　かけます
つか　どうし　　の　　　　お　　　　い　　　　か

確認ドリル4

□の 中から ことばを えらんで、「に」を つけて 入れましょう。※同じ ことばを 2回 えらぶことは できません。

(1) けさ、＿＿＿＿＿＿＿（　　　）お弁当と お茶を 入れました。

(2) この 時計は ＿＿＿＿＿＿＿（　　　）かけて ください。

(3) A：＿＿＿＿＿＿＿（　　　）荷物を 置いても いいですか。
B：ええ、どうぞ。

(4) 京都駅で ＿＿＿＿＿＿＿（　　　）乗ります。

(5) ＿＿＿＿＿＿＿（　　　）仕事の 予定を 書きました。

新幹線	机の 上	かばん	カレンダー	キッチンの 壁
しんかんせん	つくえ うえ			かべ

➡ 答えは別冊 p.2

にの いみ・はたらき 5

対象となる人を示す
たいしょう　ひと　しめ

Indicates a person who is a target
表示作为对象的人
Diễn tả người là đối tượng

動作や行為の対象となる人を示します。
どうさ　こうい　たいしょう　ひと　しめ

Indicates a person who is the target of an action or act.
表示动作或行为所针对的人。
Dùng cho người là đối tượng của một động tác, hành vi.

---

❶ 友だち**に**　電話を　しました。

I called my friend.
我给朋友打电话了。
Gọi điện cho bạn.

---

❷ 彼女**に**　仕事を　たのみます。

I asked her to do work
我求她找工作。
Nhờ cô ấy việc.

---

❸ 先生**に**　問題の　答えを　聞きました。
せんせい　もんだい　こた　　 き

I asked my teacher for the answer to the problem.
我向老师请教了问题的答案。
Hỏi thầy giáo đáp án bài tập.

---

❹ 両親**に**　本当のことを　話しました。
りょうしん　ほんとう　　　 はな

I told my parents about the truth.
我把实情告诉了父母。
Nói sự thật với cha mẹ.

よく 使う 動詞　します　たのみます　ききます　話します

確認ドリル5

□の　中から　ことばを　えらんで、「に」を　つけて　入れましょう。　※同じ　ことばを　2回　えらぶことは　できません。

(1) 困った　ことが　あったら、何でも　＿＿＿＿＿＿（　　）　話してください。

(2) 毎週　1回、＿＿＿＿＿＿（　　）　電話を　しています。
まいしゅう　かい　　　　　　　　　　 でん わ

(3) わからない　ことばが　あったので、＿＿＿＿＿＿（　　）ききました。

(4) 忙しかったので、＿＿＿＿＿＿（　　）買い物を　たのみました。

国の母	子ども	先生	私たち
くに　はは	こ	せんせい	わたし

➡ 答えは別冊 p.2

にの
いみ・はたらき
6

時間や時期を示す

Indicates time or period
表示时间或时期
Diễn tả thời gian, thời kì

特定の時間や時期を示します。数字の付いた言葉や曜日を表す言葉に使います。

「先週」「来年」などを副詞として使う場合は、「に」を使いません。
「夏休み」「冬休み」のように、どちらでもいい場合もあります。

Indicates a specific time or period. Used with words that have numbers attached or words that indicate the day.
「に」 is not used for adverbs such as " 先週 (last week) " or " 来年 (next year) ." There are also times when either can be used, such as " 夏休み (summer break) " or " 冬休み (winter break) ."

表示特定的时间或时期。用于带有数字的单词。
在"先週(上周)"、"来年(明年)"等作为副词使用时，不使用"に"。
在某些情况下，它可以用在如"夏休み(暑假)"或"冬休み(寒假)"之类的词的后面。

Dùng cho thời gian, thời kì rõ ràng. Dùng với con số hay từ chỉ ngày, thời gian.
Không dùng「に」cho phó từ như「先週」「来年」.
Với「夏休み」「冬休み」thì có thể dùng hoặc không dùng đều được.

---

❶ 毎朝、8時**に**　朝食を　食べます。

I eat breakfast every morning at 8.
每天早上 8 点吃早餐。
Hàng sáng tôi ăn sáng vào 8 giờ.

---

❷ 東京オリンピックは　2021年**に**　開かれた。

The Tokyo Olympics were held in 2021.
东京奥运会于 2021 年举行。
Tokyo Olympic được tổ chức vào năm 2021.

---

❸ 夏休み**に**　北海道へ　行きました。

＊「夏休み　北海道へ　行きました」も　○

I went to Hokkaido for summer break.
暑假去了北海道。
Tôi đi đến Hokkaido vào mùa hè.

確認ドリル6　（　　）に「に」か「×」を　書いて　ください。

(1) 私は　2005年（　　）生まれました。

(2) 去年（　　）日本へ　来ました。

(3) 朝5時（　　）起きたので、眠いです。

(4) 水曜日（　　）日本語教室へ　行きます。

➡ 答えは別冊 p.2

にの いみ・はたらき 7

頻度や割合を示す

Indicates frequency or proportion
表示频率和百分比
Diễn tả tần suất, tỉ lệ

行為の回数や割合を示します。
Indicates the number of times or proportion of an act.
表示动作的次数和百分比。
Dùng cho số lần hay tỉ lệ của hành vi.

❶ １週間**に**　１回、部屋の　そうじを　します。
I clean my room one time a week.
我每周都会打扫一次房间。
Toi dọn phòng 1 tuần 1 lần.

❷ この　薬は　１日**に**　３回　飲んで　ください。
Please take this medicine three times a day.
次药请 1 日服用 3 次。
Hãy uống thuốc này 1 ngày 3 lần.

❸ この　時計は　１日**に**　１分　遅れます。
This clock gets one minute later each day.
这个时钟每天都会晚一分钟。
Đồng hồ này cứ 1 ngày lại chậm 1 phút.

確認ドリル７

□の　中から　ことばを　えらんで、「に」を　つけて　入れましょう。　※同じ　ことばを　２回　えらぶことは　できません。

(1) ここから　空港までの　バスは　＿＿＿＿＿（　　）　３便しか　ありません。

(2) レストランで　食べるのは　＿＿＿＿＿（　　）　１回だけです。

(3) 前は　＿＿＿＿＿（　　）　２回　国へ　帰っていました。

１年	１か月	１日

➡ 答えは別冊 p.2

にの いみ・はたらき 8

行為者(こういしゃ)を示(しめ)す①

Indicates an actor ①
表示行为者 ①
Diễn tả chủ thể hành vi ①

受身表現(うけみひょうげん)の中(なか)で使(つか)われ、行為(こうい)をした人(ひと)を示(しめ)します。
Used with passive expressions to indicate the person who acted.
用于被动表达中，表示行为的人。
Được dùng trong câu bị động, chỉ người thực hiện hành vi.

---

❶ 遅刻(ちこく)して、先生(せんせい)**に** 叱(しか)られました。

I was late and the teacher scolded me.
我迟到了，被老师批评了。
Tôi đến muộn nên bị thầy mắng.

---

❷ さっき、観光客(かんこうきゃく)**に** 道(みち)を 聞(き)かれた。

Tourists just asked me for directions.
刚才一位游客向我问路了。
Lúc này tôi bị khách du lịch hỏi đường.

---

❸ 腕(うで)を 蚊(か)**に** さされて、とても かゆい。

My arm was stung by a mosquito and it's very itchy.
我的胳膊被蚊子叮了，很痒。
Tay bị muỗi đốt nên rất ngứa.

にの いみ・はたらき 9

行為者(こういしゃ)を示(しめ)す②

Indicates an actor ②
表示行为者 ②
Diễn tả chủ thể hành vi ②

使役表現(しえきひょうげん)の中(なか)で使(つか)われ、行為(こうい)をした人(ひと)を示(しめ)します。
使役受身表現(しえきうけみひょうげん)の場合(ばあい)は、命令(めいれい)・指示(しじ)をした人(ひと)を示(しめ)します。
Used with causative expressions to indicate the person who acted.
In cases of causative passive expressions, it indicates the person who gave an order or instruction.
用于使役表达中，表示行为的人。
在使役被动表达的情况下，表示发出命令或指示的人。
Dùng trong câu sau khiến, chỉ người thực hiện hành vi.
Trong câu bị động sai khiến thì chỉ người ra mệnh lệnh, chỉ thị.

---

❶ お母(かあ)さんは 子(こ)ども**に**
野菜(やさい)を 食(た)べさせました。
＊使役(しえき)：子(こ)どもが 野菜(やさい)を 食(た)べた

The mother made her children eat vegetables.
＊ Causative: The children ate vegetables.
妈妈让孩子吃蔬菜。＊使役：孩子吃了蔬菜
Mẹ bắt con ăn rau ＊ sai khiến: con ăn rau)

---

❷ こどもは お母(かあ)さん**に**
野菜(やさい)を 食(た)べさせられました。
＊使役受身(しえきうけみ)：母(はは)が 指示(しじ)を した

The children were made to eat vegetables by their mother.
＊ Passive causative: The mother gave instructions.
孩子被妈妈逼着吃蔬菜。＊使役被动：妈妈给出了指示
Con bị mẹ bắt ăn rau. ＊ bị động sai khiến: mẹ ra lệnh

確認ドリル8 つぎの ①②の しつもんに 答えて ください。

(1) 子どもは お母さんに しかられました。
①しかったのは だれですか。
②しかられたのは だれですか。

(2) 私は 友だちに 荷物を 持たされました。
① 荷物を 持ったのは だれですか。
② 指示を したのは だれですか。

➡ 答えは別冊 p.2

にの いみ・はたらき 10　目的を示す

Indicates purpose
表示目的
Diễn tả mục đích

動詞の「ます形」から「ます」をとった形や名詞に付けて、行為の目的を示します。

Used with masu verbs with the「ます」removed or nouns to indicate the purpose of an act.
去掉动词的“ます”或以名词的形式来表示动作的目的。
Đi kèm với động từ ở dạng「ます形」bỏ「ます」hay danh từ, để chỉ mục đích của hành vi.

❶ コンビニへ パンを 買い**に** 行きました。
＊「買います」－「ます」

I went to the convenience store to buy bread.
我去便利店买面包。
Đi đến cửa hàng tiện ích để mua bánh mì.

❷ 日本へ 経済を 勉強し**に** 来ました。

I came to Japan to study economics.
我来日本学习经济学。
Đến Nhật để học kinh tế.

❸ 日本へ 経済の 勉強**に** 来ました。

I came to Japan for the study of economics.
我来日本进行经济学的学习。
Đến Nhật để học kinh tế.

❹ 誕生日の プレゼント**に** かばんを もらいました。

I got a bag as a birthday present.
我收到了一个包作为生日礼物。
Tôi được tặng túi làm quà tặng sinh nhật.

にの いみ・はたらき 10

結果を示す
けっか　しめ

Indicates result
表示结果
Diễn đạt kết quả

変化の後の結果を示します。
へんか　あと　けっか　しめ
名詞やな形容詞に付けて、動詞「なる」と一緒に使います。
めいし　けいようし　つ　どうし　いっしょ　つか

Indicates the end result of a change.
Added to nouns or na-adjectives, and used together with the verb「なる」.
表示变化后的结果。
附加在名词和形容词上，并与动词“なる”一起使用。
Dùng để diễn đạt kết quả sau khi có sự thay đổi.
Đi kèm với danh từ, tính từ đuôi な và thường dùng với động từ「なる」.

❶ 4月から　大学生**に**　なります。
がつ　だいがくせい

I will become a university student starting in April.
从四月起我将成为一名大学生。

❷ 練習して、上手**に**　なった。
れんしゅう　じょうず

I practiced and got better.
经过练习有长进了。

確認ドリル9

□の　中から　ことばを　えらんで、「に」を　つけて　入れましょう。　※同じ　ことばを　2回　えらぶことは　できません。

(1) 部屋を　そうじして、とても ______(　　)　なりました。

(2) あした　デパートへ ______(　　)　行きます。

(3) 今まで　アルバイトでしたが、来月から ______(　　)　なります。

(4) 結婚の ______(　　)、お金を　もらいました。

| お祝い | きれい | 社員 | 買い物 |
| いわ | | しゃいん | か　もの |

|---|---|---|---|

➡ 答えは別冊 p.2

グループ1 格助詞 かくじょし	名詞などの後に付いて、その語と他の語との関係を表す めいし あと ご ほか ご かんけい あらわ

Follows nouns and more to express the relationship between that word and others. ／用在名词之后，表示该词与其他词之间的关系。／Đứng sau danh từ v.v..., chỉ mối quan hệ giữa từ đó với các từ khác.

UNIT 2

～へ

鳥たちは 南の ほうへ 飛んで いった。
とり みなみ と

The birds flew toward the south. ／鸟儿向南飞去了。
Đàn chim đã bay về hướng Nam.

どうぞ、こちらへ。

Please come this way. ／请这边来。
Xin mời đi lối này.

への いみ・はたらき 1	方向を示す ほうこう しめ	Indicates direction 表示方向 Chỉ phương hướng

動作などが向かう方向を示します。場所をはっきり言わないときに使います。
どうさ む ほうこう しめ ばしょ い つか

Indicates the direction that an action, etc. travels. Used when a location is not specified.
表示动作行为所面向的方向。有时不明确说明方向。
Dùng để chỉ phương hướng của động tác hướng tới. Dùng khi không nói rõ địa điểm.

❶ もっと 前の ほうへ 来て ください。
まえ き

Please come more to the front.
请再往前来。
Hãy tiến lên phía trước nữa đi.

❷ エレベーターは 上へ 上がって いった。
うえ あ

The elevator rose upwards.
电梯往上去了。
Thang máy đã đi lên phía trên.

よく 使う 動詞 つか どうし	来ます 行きます 上がります 流れます き い あ なが

南の ほうへ 飛んで いった
みなみ と

へのいみ・はたらき 2

目的地を示す

Indicates destination
表示目的地
Chỉ đích đến

動作の目的地を示します。「に」も使うことができます。
Indicates the destination of an action.「に」can also be used.
表示动作的目的地。也可以使用"に"。
Chỉ đích đến của động tác. Có thể dùng với「に」.

❶ **沖縄へ** 行って、きれいな 海で 泳ぎたい。
I want to go to Okinawa and swim in the beautiful ocean.
我想去冲绳，在美丽的大海里游泳。
Tôi muốn đến Okinawa và tắm ở bãi biển thật đẹp.

❷ 王さんは 来月 **国へ** 帰るそうです。
It sounds like Wang-san will return to his country next month.
据说王先生下个月回国。
Nghe nói anh Vương tháng sau về nước.

❸ 日本人と 結婚して、**日本へ** 来ました。
I married a Japanese person and came to Japan.
与日本男人结婚来到了日本。
Tôi kết hôn với người Nhật rồi đến Nhật.

よく使う動詞 行きます 来ます 帰ります

確認ドリル 1

□の 中から ことばを えらんで、「へ」を つけて 入れましょう。 ※同じ ことばを 2回 えらぶことは できません。

(1) 明日、国の 友だちが __________（　　）来ます。

(2) この 川は __________（　　）流れています。

(3) 先週 __________（　　）お寺を 見に 行きました。

(4) __________（　　）帰る 前に たくさん おみやげを 買いました。

京都	南のほう	私の家	国

➡ 答えは別冊 p.2

への いみ・はたらき 3

動作や作用の対象を示す どう さ　さ よう　たい しょう　しめ

Indicates the target of an action or act
表示动作或作用的对象
Chỉ đối tượng của động tác, tác động

動作が向かう相手（人）を示します。
どう さ　む　あい て　ひと　しめ
※「に」も使えますが、例文❷では「に」は使いません。
つか　　　　　　　れいぶん　　　　　　　つか

Indicates the person that an action is pointed toward.
※「に」can also be used, but not in example sentence ❷.
表示动作所面向的对方。
※ 虽然也可以使用“に”，但例句❷中不使用“に”。
Dùng cho đối tượng (người) của hành động hướng tới.
※ Có thể dùng「に」nhưng như ví dụ ❷ không dùng「に」.

❶ 誕生日に、父へ　お祝いの　メールを　送った。
たんじょう び　　ちち　　いわ
おく

I sent a congratulations e-mail to my father on his birthday.
我在父亲生日那天给他发了一个祝贺电子邮件。
Vào ngày sinh nhật, tôi đã gửi tin nhắn chúc mừng cho bố.

❷ パーティーに　参加される　みなさまへ
＊メモなどで 知らせる 相手を 示す とき

Dear party participants
＊ used when indicating people being informed in a memo, etc.
致参加宴会的所有人
＊通过备忘录等指定通知对象时
Gửi những người tham gia buổi tiệc
＊ dùng chỉ đối phương được báo bằng lời nhắn v.v...

よく 使う 動詞　送ります　プレゼントします　お知らせします
つか　どうし　　おく　　　　　　　　　　　　　　　　し

確認ドリル2

□の　中から　ことばを　えらんで、「へ」を　つけて　入れましょう。　※同じ　ことばを　2回　えらぶことは　できません。

(1) 卒業式で ______________（　　　）お礼の　花束を　プレゼントした。
そつぎょうしき　　　　　　　　　　　　　　　れい　　はなたば

(2) 旅行に　ご参加の ______________（　　　）お知らせします。
りょこう　　さん か　　　　　　　　　　　　　　　　　し

(3) 国の ______________（　　　）カードを　送りました。

みなさま	先生	母

➡ 答えは別冊 p.2

名詞(めいし)などの後(あと)に付(つ)いて、その語(ご)と他(ほか)の語(ご)との関係(かんけい)を表(あらわ)す

Follows nouns and more to express the relationship between that word and others. ／用在名词之后，表示该词与其他词之间的关系。／ Đứng sau danh từ v.v..., chỉ mối quan hệ giữa từ đó với các từ khác.

UNIT 3

～で

公園(こうえん)**で**　お弁当(べんとう)を　食(た)べました。

I ate lunch in the park. ／我在公园吃了便当。

Tôi ăn cơm hộp ở công viên.

妹(いもうと)は　パソコン**で**　絵(え)を　かきます。

My little sister draws pictures with the computer. ／我姐姐在电脑上画画。

Em gái tôi vẽ tranh bằng máy tính.

でのいみ・はたらき 1

場所(ばしょ)や場面(ばめん)を示(しめ)す

Indicates place or setting

表示场所或场面

Diễn đạt nơi chốn, địa điểm

動作(どうさ)や行為(こうい)、イベントなどが行(おこな)われる場所(ばしょ)を示(しめ)します。

Indicates the place where an action, act, event, etc. takes place.

表示动作、行为、活动等发生的地点。

Dùng cho địa điểm diễn ra động tác, hành vi, sự kiện v.v...

❶ いつも　家(いえ)**で**　朝(あさ)ご飯(はん)を　食(た)べます。

I always eat breakfast at the house.
我总是在家吃早餐。
Lúc nào tôi cũng ăn sáng ở nhà.

❷ ここ**で**　少(すこ)し　待(ま)っていて　ください。

Please wait here for a little bit.
请在此稍等片刻。
Hãy đợi ở đây một chút.

❸ 入学式(にゅうがくしき)は、あした　大学(だいがく)の　体育館(たいいくかん)**で**　行(おこな)われます。

The entrance ceremony takes place tomorrow at the university's gymnasium.
明天将在大学体育馆举行入学仪式。
Lễ tốt nghiệp ngày mai được tổ chức tại nhà thi đấu.

❹ その　問題(もんだい)は、会議(かいぎ)**で**　話(はな)す予定(よてい)です。

I plan on discussing that issue at the meeting.
我打算在会议上讨论这个问题。
Dự định sẽ nói vấn đề này tại cuộc họp.

よく使(つか)う動詞(どうし)　食(た)べます　飲(の)みます　待(ま)ちます　します　行(おこな)います　話(はな)します　作(つく)ります

教室(きょうしつ)**で**　食(た)べます

確認ドリル1

□の 中から ことばを えらんで、「で」を つけて 入れましょう。 ※同じ ことばを 2回 えらぶことは できません。

(1) いつも ＿＿＿＿＿＿（　　） テニスを しています。

(2) きのう ＿＿＿＿＿＿（　　） 買い物を しました。

(3) ＿＿＿＿＿＿（　　） 日本語を 勉強しました。

(4) 大学の ＿＿＿＿＿＿（　　） 歌を 歌いました。

国	イベント	スーパー	公園

➡ 答えは別冊 p.3

での いみ・はたらき 2

手段・方法を示す

Indicates way / method
表示手段・方法
Chỉ phương thức, cách thức

何かを行うための道具や方法を示します。
「で」の前には食器や乗り物、言語などが入ります。

Indicates the tool or method used to do something.
Tableware, vehicles, language, etc. is placed before「で」.

表示做某事的工具或方法。
餐具、交通工具、语言等放在“で”的前面。

Dùng cho dụng cụ, phương pháp để thực hiện việc gì đó.
Trước「で」thường là ngôn ngữ, phương tiện giao thông, bát đũa.

❶ スープは スプーン**で** 飲みます。

I drink soup with a spoon.
汤是用勺子喝。
Uống súp bằng thìa.

❷ 北海道へ 飛行機**で** 行きました。

I went to Hokkaido by plane.
乘飞机去了北海道。
Đi đến Hokkaido bằng máy bay.

❸ 日本語**で** 書くのは むずかしいです。

Writing in Japanese is difficult.
用日语书写很难。
Viết bằng tiếng Nhật rất khó.

確認ドリル2

□の 中から ことばを えらんで、「で」を つけて 入れましょう。 ※同じ ことばを 2回 えらぶことは できません。

(1) 毎日 ＿＿＿＿＿＿＿＿（　　　） 学校に 行きます。

(2) 授業中は ＿＿＿＿＿＿＿＿（　　　） 話してください。

(3) ＿＿＿＿＿＿＿＿（　　　） チケットの 予約を した。

(4) ステーキを ＿＿＿＿＿＿＿＿（　　　） 小さく 切った。

スマホ	ナイフ	自転車	日本語

➡ 答えは別冊 p.3

でのいみ・はたらき 3　原因・理由を示す

Indicates cause / reason
表示原因・理由
Chỉ nguyên nhân, lí do

何かが起こった時の原因・理由を示します。
後ろに続く結果は、形容詞や自動詞などの状態を表すものが多いです。

Indicates the cause or reason when something took place.
The result that follows is often something that indicates condition, like an adjective or intransitive verb.

表示某事发生时的原因或理由。
后面的结果通常是表达状态的形容词或不及物动词。

Dùng để chỉ nguyên nhân, lí do khi xảy ra việc nào đó.
Kết quả ở vế sau đó thường thể hiện trạng thái bằng tính từ, tự động từ.

❶ **大雨で** 電車が 止まりました。

The train stopped due to heavy rain.
由于大雨，电车停了下来。
Tàu dừng vì mưa.

❷ **風邪で** のどが 痛い。

My throat hurts because of a cold.
感冒了，喉咙痛。
Tôi đau họng vì bị cảm

❸ 強い **風で** 木が 倒れた。

The tree fell over due to strong wind.
树被大风吹倒了。
Cây đổ vì gió mạnh.

確認ドリル3

□の 中から ことばを えらんで、「で」か「て」を つけて 入れましょう。 ※同じ ことばを 2回 えらぶことは できません。

(1) ＿＿＿＿＿＿＿（　　　）学校が 休みに なりました。

(2) ＿＿＿＿＿＿＿（　　　）学校を 休みました。

(3) 大きい ＿＿＿＿＿＿＿（　　　）目が さめた。
おお

風邪	台風	音
かぜ	たいふう	おと

➡ 答えは別冊 p.3
こた　　べっさつ

での いみ・はたらき 4　材料・原料を示す ざいりょう　げんりょう　しめ

Indicates materials / ingredients
表示材料原料
Chỉ chất liệu, nguyên liệu

何かを 作るときの 材料を 示します。
なに　　つく　　　　ざいりょう　しめ
Indicates the materials used when making something.
表示用来制造某物的材料。
Dùng cho nguyên liệu khi làm gì đó.

❶ バナナと オレンジ**で** ジュースを 作りました。
I made juice with bananas and oranges.
我用香蕉和橙子做了果汁。
Làm nước hoa quả bằng chuối và cam.

❷ この お寺の 建物は すべて 木**で** できています。
All of the structures at this temple are made with wood.
这座寺庙的建筑都是木质结构的。
Ngôi chùa này được làm tất cả bằng gỗ.

❸ レタスと トマト**で** サラダを 作った。
I made a salad with lettuce and tomatoes.
我用生菜和西红柿做了沙拉。
Làm món salad bằng rau sống và cà chua.

よく 使う 動詞 作ります できています

確認(かくにん)ドリル4

[　　]の 中(なか)から ことばを えらんで、「で」を つけて 入(い)れましょう。 ※同(おな)じ ことばを 2回(かい) えらぶことは できません。

(1) 牛肉(ぎゅうにく)と 玉(たま)ねぎと ＿＿＿＿＿＿＿(　　) カレーを 作(つく)りました。

(2) ちょっと 古(ふる)くなった ＿＿＿＿＿＿＿(　　) ジャムを 作(つく)った。

(3) 木(き)や ＿＿＿＿＿＿＿(　　) おもちゃを 作(つく)った。

紙(かみ)	じゃがいも	いちご

➡ 答(こた)えは別冊(べっさつ) p.3

で いみ・はたらき 5　状態(じょうたい)・ようすを示(しめ)す

Indicates condition / appearance
表示状态・样子
Chỉ trạng thái, tình trạng

動作(どうさ)・行為(こうい)がどんな状態(じょうたい)で行(おこな)われるかを表(あらわ)します。
Indicates the condition that an action or act is performed in.
表示动作或行为在什么状态中进行。
Dùng để diễn tả hành động, hành vi được thực hiện ở trạng thái như thế nào.

❶ **一人(ひとり)で** 旅行(りょこう)するのが 好(す)きです。

I like traveling alone.
我喜欢一个人旅行。
Tôi thích đi du lịch một mình.

❷ もう少(すこ)し 大(おお)きい **声(こえ)で** 話(はな)して ください。

Please speak in a slightly louder voice.
请再大声一点。
Hãy nói với giọng to hơn một chút.

❸ 授業(じゅぎょう)に **ぎりぎりで** 間(ま)に合(あ)いました。

I just barely made it to class in time.
我总算赶上了上课。
Vừa đúng lúc kịp giờ học

確認(かくにん)ドリル５

□の 中(なか)から ことばを えらんで、「で」を つけて 入(い)れましょう。 ※同(おな)じ ことばを ２回(かい) えらぶことは できません。

(1) 毎年(まいとし)、＿＿＿＿＿＿（　　　） 旅行(りょこう)します。

(2) この 魚(さかな)は 新鮮(しんせん)ですから、＿＿＿＿＿＿（　　　） 食(た)べてみて ください。

生(なま)	家族(かぞく)	休(やす)み

➡ 答(こた)えは別冊(べっさつ) p.3

でのいみ・はたらき 6

時間(じかん)の区切(くぎ)りを示(しめ)す

Indicates a juncture in time
表示时间段
Chỉ sự phân cắt thời gian

何(なに)かが終(お)わったときに時間(じかん)を区切(くぎ)ることを示(しめ)します。
Indicates a juncture in time when something ends.
表示某件事完成时的时间段。
Dùng cho việc phân cắt thời gian khi một việc nào đó kết thúc.

❶ では これ**で** 会議(かいぎ)を 終(お)わります。
In that case, this brings the meeting to an end.
那么，会议就此结束。
Vậy xin kết thúc buổi họp ở đây.

❷ 練習(れんしゅう)の ３回目(かいめ)**で** できる ように なりました。
I was able to do it after my third time practicing.
在第三次练习时成功了。
Làm được sau 3 lần luyện tập.

❸ 昼(ひる)ご飯(はん)の 後(あと)**で** 買(か)い物(もの)に 行(い)く ことに しました。
I decided to go shopping after lunch.
决定吃完午饭后去逛街。
Tôi đi mua sắm sau bữa trưa.

での いみ・はたらき 7

条件(じょうけん)・範囲(はんい)などを示(しめ)す

Indicates condition / extent, etc.
表示条件、范围等。
Chỉ điều kiện, phạm vi

数量(すうりょう)を表(あらわ)すことばについて、条件(じょうけん)・程度(ていど)・範囲(はんい)などを表(あらわ)します。
うしろには可能動詞(かのうどうし)や自動詞(じどうし)がつくことが多(おお)いです。

Attached to a word that indicates amount, indicating conditions, degree, extent, etc.
It is often followed by a potential or intransitive verb.
表示数量的条件、程度、范围等。后面经常接可能动词和不及物动词。
Đi kèm với từ chỉ số lượng để diễn tả điều kiện, mức độ, phạm vi v.v...
Phía sau thường là động từ khả năng hoặc tự động từ.

---

❶ この　美術館(びじゅつかん)は　きょう　**無料(むりょう)で**　入(はい)れます。

You can enter this museum for free today.
今天这个博物馆可以免费进入。
Bảo tang mỹ thuật này hôm nay được vào miễn phí.

---

❷ 日本語能力試験(にほんごのうりょくしけん)の　N4は　満点(まんてん)の　**60%(パーセント)で**　合格(ごうかく)です。

The passing mark for the N4 Japanese Language Proficiency Test is 50% of a perfect score.
日语能力考试 N4 满分的 50% 就可以通过。
Có thể đỗ cấp độ N4 kì thi năng lực tiếng Nhật ở mức đạt 50% điểm

---

❸ この　おにぎりは　**1個(こ)で**　おなかが　いっぱいに　なります。

I become full after eating one of these rice balls.
这个饭团一个就可以填饱肚子。
Cơm nắm này chỉ 1 cái là no bụng.

確認(かくにん)ドリル6

[　　]の　中(なか)から　ことばを　えらんで、「で」を　つけて　入(い)れましょう。　※同(おな)じ　ことばを　2回(かい)　えらぶことは　できません。

(1) 食事(しょくじ)の　＿＿＿＿＿＿(　　　)　映画(えいが)を　見(み)に　行(い)くことに　しました。

(2) お湯(ゆ)を　入(い)れて　＿＿＿＿＿＿(　　　)　食(た)べられます。

(3) ここの　商品(しょうひん)は　どれでも　＿＿＿＿＿＿(　　　)　買(か)えます。

(4) 留学(りゅうがく)して　＿＿＿＿＿＿(　　　)　かんたんな　会話(かいわ)は　できる　ように　なった。

3分(ぷん)	半年(はんとし)	後(あと)	110円(えん)

➡ 答(こた)えは別冊(べっさつ) p.3

UNIT 4

～の

私の　名前は　さくらです。

My name is Sakura.／我的名字叫樱
Tên của tôi là Sakura.

明日、サッカーの　試合を　見に　行きます。
あした　　　　　しあい　み　い

I'm going to see a soccer match tomorrow.／明天我要去看一场足球比赛。
Ngày mai tôi sẽ đi xem trận đấu bóng đá.

のの いみ・はたらき 1

所有や所属を示す
しょゆう　しょぞく　しめ

Indicates ownership or affiliation
表示所有或所属
Chỉ sự sở hữu, trực thuộc

所有や産地、メーカーなどを示します。
「の」の前のことばが後ろのことばを詳しく説明します。
まえ　　　　　　　うし　　　　くわ　　せつめい

Indicates ownership, place of production, manufacturer, etc.
The words before「の」describe the word after it in detail.
表示所有、产地、制造商等。详细解释“の”前后的词语。
Dùng chỉ sự sở hữu, suất xứ, nhà sản xuất v.v...
Từ trước「の」giải thích rõ ràng cho từ phía sau.

私**の** 名前は さくらです

---

❶ これは　私**の**　かさです。 ＊所有

This is my umbrella. ＊ Ownership
这是我的雨伞。 ＊拥有
Đây là ô của tôi ＊ sở hữu

---

❷ A：これは　だれ**の**　くつですか。
＊所有 ⇒ 質問文の疑問詞は「だれ」
しょゆう　しつもんぶん　ぎもんし
B：わたし**の**　くつです。

A:Are these my shoes?
＊ Ownership ⇒「だれ」is the question's interrogative
B: They are my shoes
A：这双鞋是谁的？ ＊占有⇒问句中的疑问词是“だれ”
B：这是我的鞋子。
A: Đây là giày của ai? ＊ sở hữu ⇒ từ để hỏi của câu hỏi là「だれ」
B: Là giày của tôi.

---

❸ A：どこ**の**　ワインが　好きですか。
＊産地 ⇒ 質問文の疑問詞は「どこ」
B：イタリア**の**　ワインが　好きです。

A: What country's wine do you like?
＊ Place of production
⇒「どこ」is the question's interrogative
B: I like wine from Italy.
A：你喜欢哪儿的红酒？ ＊原籍国⇒问题中的疑问词是“どこ”
B：我喜欢意大利葡萄酒。
A: Anh thích vang của nước nào?
＊ suất xứ ⇒ từ để hỏi trong câu hỏi là「どこ」
B: Tôi thích vang của Ý.

❹ A：どこ**の**　車(くるま)に　乗(の)っていますか。
　＊メーカー ⇒ 質問文(しつもんぶん)の疑問詞(ぎもんし)は「どこ」
B：T 社(しゃ)**の**　車(くるま)に　乗(の)っています。

What company makes your car?
＊ Manufacturer ⇒「どこ」is the question's interrogative
B: I drive a car from T Company.
A：你开什么车？ ＊制造商⇒问题中的疑问词是“どこ”
B：我开的是 T 公司的车。
A: Anh đi xe của hãng nào?
＊ nhà sản xuất ⇒ từ để hỏi trong câu hỏi là「どこ」
B: Tôi đi xe của hang T.

ポイント

「の」は重(かさ)ねて使(つか)うことができます。

Multiple「の」s can be used together.
详细解释“の”前后的词语。
Có thể dùng「の」liên tiếp

くらべて わかる

○ 私(わたし)**の**　犬(いぬ)**の**　名前(なまえ)は　ハチです。
○ 彼女(かのじょ)は、私(わたし)**の**　会社(かいしゃ)**の**　上司(じょうし)です。

のの いみ・はたらき 2　性質(せいしつ)や特性(とくせい)を示(しめ)す

Indicates character or characteristic
表示性质或特征
Chỉ tính chất, đặc tính

質問文(しつもんぶん)では、その内容(ないよう)に合(あ)わせて疑問詞(ぎもんし)が「なんの」「いつの」「いくらの」などに変(か)わります。

In a question, the interrogative turns into「なんの」,「いつの」,「いくらの」, etc. according to the content.
在疑问句中，疑问词根据疑问的内可容变为“なんの”、“いつの”、“いくらの”等。
Trong câu hỏi, từ để hỏi thay đổi thành「なんの」「いつの」「いくらの」v.v… để phù hợp với nội dung.

❶ A：なん**の**　雑誌(ざっし)ですか。
B：車(くるま)**の**　雑誌(ざっし)です。

A: What kind of magazine is that?
B: It is a car magazine.
A：是什么杂志？
B：这是一本汽车杂志。
A: Tạp chí gì đây?
B: Tạp chí xe ô tô.

❷ A：いつ**の**　新聞(しんぶん)ですか。
B：きのう**の**　新聞(しんぶん)です。

A: When is that newspaper from?
B: It is yesterday's newspaper.
A：什么时候的报纸？
B：昨天的报纸。
A: Báo khi nào đây?
B: Báo hôm qua.

❸ A：これは　いくら**の**　コースですか。
B：5000 円(えん)**の**　コースです。

A: How much does this course cost?
B: It is the 5,000 yen course.
A：这是多少钱的套餐？
B：5000 日元的套餐。
A: Đây là khóa bao nhiêu tiên?
B: Khóa 500 yên

確認ドリル 1

□の　中から　疑問詞を　えらんで、「の」を　つけて　入れましょう。　※同じ　ことばを　2回　えらぶことは　できません。

(1) A：これは ＿＿＿＿＿＿(　　　)バイクですか。
　　B：H社の　バイクです。

(2) A：これは ＿＿＿＿＿＿(　　　)肉ですか。
　　B：100グラム　300円の　肉です。

(3) A：これは ＿＿＿＿＿＿(　　　)本ですか。
　　B：歴史の　本です。

(4) A：これは ＿＿＿＿＿＿(　　　)お弁当ですか。
　　B：ワンさんの　お弁当です。

どこ	なん	だれ	いくら

➡ 答えは別冊 p.3

のの いみ・はたらき 3　名詞を省略したことを示す

Indicates an abbreviated noun
表示省略名词
Dùng khi lược bớt danh từ

所有や特性を表す「の」に続く名詞は、省略できることがあります。
The noun that follows a「の」indicating possession or characteristic may be abbreviated.
"の"后面表示所有或特征的名词有时可以省略。
Có thể lược bớt danh từ đứng sau「の」chỉ sở hữu, đặc tính.

❶ A：これは　だれ**の**　本ですか。
　　　これは　だれ**の**ですか。
　B：私**の**　本です。／私**の**です。

A: Whose book is this? / Whose is this?
B: It is my book. / It is mine.
A：这是谁的书？ / 这是谁的？
B：这是我的书。 / 这是我的。
A: Đây là sách của ai? / Đây là của ai?
B: Sách của tôi. / Của tôi.

❷ A：何時**の**　電車に　乗りますか。
　　　何時**の**に　乗りますか。
　B：８時**の**　電車に　乗ります。
　　　８時**の**に　乗ります。

A: When will you be getting on the train?
/ When will you be getting on?
B: I will get on the 8 o'clock train.
A：你要坐几点的火车？ / 你坐几点的？
B：我坐八点的火车。 / 我坐八点的。
A: Lên tàu chuyến mấy giờ? / Lên tàu chuyến mấy giờ?
B: Lên tàu 8 giờ. / Lúc chuyến 8 giờ.

❸ A：それは　何**の**　パンフレットですか。
　　＊「それは 何のですか」は ×
　B：旅行**の**　パンフレットです。
　　　旅行**の**です。／旅行です。

A: What is that pamphlet for?
B: It is a travel pamphlet. / For travel. / Travel.
A：那是什么小册子？
B：这是一本旅游的小册子。 / 是旅游的。 / 旅游。
A: Đây là tờ rơi về cái gì?
B: Tờ rơi về du lịch. / Về du lịch. / Du lịch.

確認ドリル2
正しい　ものを　えらんで　ください。
※答えが　２つの　場合も　あります。

(1) これは　{ 山田さん　・　山田さんの } かさです。

(2) このかさは　{ 山田さん　・　山田さんの　・　山田さんの かさ} です。

(3) A：{ 何時　・　何時の } 飛行機ですか。
B：{ ５時　・　５時の } です。

➡ 答えは別冊 p.3

のの いみ・はたらき 4　位置を示す

Indicates location
表示位置
Chỉ vị trí

「[場所] **の** [位置詞]」という形で、物や建物がどこにあるか、人や動物がどこにいるかを示します。
「A は B **の** [位置詞]」にあります／います」という文の場合、B は位置の基準になるので、A より小さい物や建物は入りません。

Takes the form of an indicator of place, indicating where an object, building, person, or animal is.
In the case of sentences like「A は B の［位置詞］に あります／います」, B is the criteria for location and cannot be an object or building smaller than A.

用“位置词”的形式，表示事物或建筑物在哪里，或者人或动物在哪里。
“A 在 B 的“位置词”中”，B 是位置的标准，因此不能包含小于 A 的物体或建筑物。

Chỉ vật, tòa nhà, người hay động vật ở đâu dưới dạng「[場所]の［位置詞]」(từ chỉ vị trí của địa điểm)
Với mẫu câu「Aは Bの「位置詞」(từ chỉ vị trí) に　あります／います」, B là tiêu chuẩn cho vị trí nên không được là vật hay tòa nhà nhỏ hơn A.

---

❶ コンビニは　デパート**の**　となりです。
デパートは　コンビニ**の**　となりです。
＊デパートのほうが大きいので、不自然な文になる。

It's the department store's convenience store.
It's the convenience store's department store.
＊ The department store is larger, making this unnatural.
便利店在百货公司旁边。
百货商店在便利店旁边。
＊百货公司比较大，所以这句话听起来不自然。
Cửa hàng tiện ích ở bên cạnh trung tâm mua sắm.
Trung tâm mua sắm ở bên cạnh cửa hàng tiện ích.
＊ Trung tâm mua sắm to hơn nên câu này không tự nhiên

---

❷ 財布は　かばん**の**　中に　あります。

My wallet is inside my bag.
钱包在包里。
Ví ở trong túi.

---

❸ 猫は　ベッド**の**　下に　います。

The cat is under the bed.
猫在床底下。
Mèo ở dưới giường.

---

❹ スマホを　机**の**　上に　置いてください。

Please place your smartphone on top of the table.
请将手机放在桌子上。
Hãy đặt điện thoại ở trên bàn.

よく 使う 動詞　あります　います　置きます

確認ドリル3

[ ]の 中から ことばを えらんで、「の」を つけて 入れましょう。 ※同じ ことばを 2回 えらぶことは できません。

(1) 家と 駅（　　）＿＿＿＿＿に コンビニが ２軒 あります。

(2) ポストは 交番（　　）＿＿＿＿＿に あります。

(3) 学校（　　）＿＿＿＿＿の 店で 昼ご飯を 食べました。

(4) 関西空港は 海（　　）＿＿＿＿＿に つくった 空港です。

近く	間	上	前

➡ 答えは別冊 p.3

のの いみ・はたらき 5　同格であることを示す

Indicates equality
表示并列
Chỉ sự ngang bằng

「[名詞 A] **の** [名詞 B]」の形で、AがBを特定することを示します。「AであるB」と言い換えることができます。

Takes the form "[Noun A] の [Noun B]" to indicate that A is B.
It can also be replaced with「AであるB」.
用“[名词 A] 的 [名词 B]”的形式表示 A 特定 B。
可以换成为“AであるB”。
Dạng「[名詞 A] の [名詞 B]」để diễn đạt A đặc định B.
Có thể đổi thành cách nói「AであるB」.

❶ まさみさんは 恋人**の** たかしさんと 一緒に 住んでいる。
＊恋人である たかしさん ／ たかしさん＝恋人

Masami-san lives together with her lover Takashi-san.
Masami 与男友 Takashi 住在一起。
Chị Masami sống cùng người yêu là anh Takashi.

❷ 今、晩ごはん**の** うどんを 食べています。
＊晩ごはんである うどん ／ うどん＝晩ごはん

Right now I am eating my dinner udon.
我正在吃晚饭乌冬面。
Tôi đang ăn món mỳ cho bữa tối.

❸ 私は 教師**の** 父に きびしく 育てられました。
＊教師である 父 ／ 父＝教師)

I was raised strictly by my teacher father
我是在身为教师的父亲的严格教育下长大的。
Tôi được bố là giáo viên dạy dỗ nghiêm khắc.

確認ドリル4

□の A・Bから ことばを 1つずつ 選んで、「の」で 結びましょう。 ※同じ ことばを 2回 えらぶことは できません。

例：ワンさん（の） 友だち と いっしょに 学校へ 行きます。

(1) ＿＿＿＿＿（　　）＿＿＿＿＿には 外国人が たくさん 住んでいます。

(2) ワンさんは ＿＿＿＿＿（　　）＿＿＿＿＿と よく 食事に 行く。

(3) ＿＿＿＿＿（　　）＿＿＿＿＿は 毎日 テレビに 出ています。

A：	~~友だち~~	アナウンサー	首都	後輩
B：	~~ワンさん~~	東京	グエンさん	兄

➡ 答えは別冊 p.3

のの いみ・はたらき 6

動作をする人を示す

Indicates someone who performs an action
表示动作的人
Chỉ người thực hiện động tác

「[動作をする人] の [動作を表す名詞]」の形で、名詞と同じ働きを持つ表現をします。

Takes the form "[Person who does an action] の [Noun that indicates the action]" to create an expression that works the same as a noun.

以 "[该动作行为的人] の [表示该动作的名词]" 的形式表示与名词具有相同功能。

Với dạng "[người thực hiện động tác] の [danh từ chỉ động tác]" là cách nói có chức năng tương đương với danh từ.

❶ **私たちの** 卒業は 来年です。
＊私たちが 卒業する

Our graduation is next year.
我们明年毕业。
Chúng tôi tốt nghiệp sang năm.

❷ **母親の** 料理は とても おいしかった。
＊母親が 料理する

Mother's cooking was very delicious.
妈妈做的饭菜很好吃。
Món ăn của mẹ tôi rất ngon.

❸ **山田先生の** 授業は いつも おもしろい。
＊山田先生が 授業を する

Yamada-sensei's classes are always interesting.
山田老师的课总是很有趣。
Giờ học của thầy Yamada lúc nào cũng thú vị.

のの いみ・はたらき 7

動作の対象を示す

Indicates the target of an action
表示动作的对象
Chỉ đối tượng của động tác

「[対象を表す名詞] **の** [動作を表す名詞]」の形で、名詞と同じ働きを持つ表現をします。

Takes the form "[Noun indicating target] の [Noun indicating action]" to create an expression that works the same as a noun.
以"[表达对象的名词] の [表达动作的名词]"的形式来表示与名词具有相同功能。
Với dạng [danh từ chỉ đối tượng] の [danh từ chỉ động tác] là cách nói có chức năng giống với dang từ.

❶ 工場**の**　見学には　予約が　必要です。
(=工場を 見学する こと)

Reservations are needed to tour the factory.
工厂的参观需要预约。
Để thăm quan nhà máy cần phải đặt hẹn trước.

❷ お風呂**の**　掃除に　時間が　かかりました。
(=お風呂を 掃除する こと)

It took time to clean the bath.
浴室的打扫花了很长时间。
Để rửa nhà tắm rất mất thời gian.

❸ 毎日　歌**の**　練習を　しています。
(=歌を 練習する こと)

I practice singing every day.
我每天都在练习唱歌。
Hàng ngày chúng tôi luyện hát.

確認ドリル5

□の　A・Bから　ことばを　1つずつ　選んで、「の」で　結びましょう。　※同じ　ことばを　2回　えらぶことは　できません。

(1) 母は　いつも　＿＿＿＿(　　)＿＿＿＿を　いくつも　作って　いました。

(2) ＿＿＿＿(　　)＿＿＿＿は　守らなければ　なりません。

(3) ＿＿＿＿(　　)＿＿＿＿は　クリーニング店に　頼んでいます。

(4) ＿＿＿＿(　　)＿＿＿＿は、私が　医者に　なる　ことでした。

A：	会社	親	野菜	コート
B：	料理	ルール	洗濯	希望

➡ 答えは別冊 p.3

グループ1 格助詞

名詞などの後に付いて、その語と他の語との関係を表す

Follows nouns and more to express the relationship between that word and others. ／用在名词之后，表示该词与其他词之间的关系。／Đứng sau danh từ v.v..., chỉ mối quan hệ giữa từ đó với các từ khác.

UNIT 5

～と

友だち**と**　よく　電話を　します。

I often call my friends. ／我经常给朋友打电话。

Tôi hay gọi điện cho bạn

それは　間違っている**と**　思う。

I think that's wrong. ／我认为那是错误的。

Tôi nghĩ cái này sai rồi.

との いみ・はたらき 1

動作の相手を示す
どうさ あいて しめ

Indicates the other party of an action

表示行为的对方

Chỉ đối tượng của động tác

互いに同じ行為をする相手を表します。
たが おな こうい あいて あらわ

※自分の行為が相手に向かうだけの場合は、「に」を使います。
じぶん こうい あいて む ばあい つか

Indicates someone who performs the same action as you.

※ When your action is pointed toward someone only,「に」is used.

表示彼此做同样事情的人。 ※如果行为只是针对对方，请使用“に”。

Dùng cho đối tượng cùng thực hiện hành vi.　※ Khi hành vi của bản thân chỉ hướng tới đối phương thì dùng「に」

---

❶ 両親**と**　話しました。

＊私も 両親も 話す
わたし りょうしん はな

I spoke with my parents.

我和我的父母谈了。

Nói chuyện với bố mẹ.

両親**に**　話しました。

＊私が 話して 両親は 聞く
わたし はな りょうしん き

I spoke to my parents.

我对我父母说了。

Nói chuyện với bố mẹ.

---

❷ きのう、弟**と**　けんかした。

I fought with my little brother yesterday.

昨天，我和弟弟打架了。

Hôm qua, tôi cãi nhau với em trai.

---

❸ 同じ　マンションの　人**と**　交流する　パーティーが　ありました。
おな　　　　　　　　　ひと　こうりゅう

There was a party where I interacted with people in my apartment.

有一个跟同一公寓楼的人交流的派对。

Có bữa tiệc giao lưu với người cùng chung cư.

よく 使う 動詞　話します　電話します　会います　けんかします　つなぎます
つか どうし　　はな　　　　でんわ　　　　あ

友だち**と** 話します

との いみ・はたらき 2

共に動作をする相手を示す

Indicates the other party that also does an action

表示一起行动的人

Chỉ đối tượng cùng thực hiện động tác

共同で何かをする相手を表します。「～といっしょに」に替えることができますが、２人だけでする行為の場合は替えることができません。

Indicates the other party that does something together with you. Can be changed to「～といっしょに」, but not if the action is only performed by two people.

表示与你一起做某事的人。可以用「～といっしょに」代替。但如果该行为仅由两个人完成，则不使用。

Dùng cho đối tượng cùng thực hiện việc nào đó. Có thể thay thế thành câu「～といっしょに」nhưng khi hành vi chỉ có 2 người thì không dùng thay thế được.

---

❶ 近所の　人**と**　アパートの　周りの　そうじを　しました。

近所の　人**と**　一緒に　アパートの　周りの　そうじを　しました。

I cleaned up the area around the apartments with my neighbors.
和邻居一起打扫了公寓的周围。
Tôi dọn dẹp xung quanh chung cư cùng với hàng xóm.

---

❷ 山田さん**と**　ゲームを　しました。

山田さん**と**　一緒に　ゲームを　しました。

I played a game with Yamada-san.
我和山田玩游戏了。
Tôi chơi game với anh Yamada.

---

❸ まさみさんは　たかしさん**と**　結婚しました。

＊「まさみさんは たかしさんと 一緒に 結婚しました」は×

Masami-san got married with Takashi-san.
正美跟隆结婚了。
Chị Masami kết hôn với anh Takashi.

---

❹ キムさん**と**　テニスの　試合を　しました。

＊「私 vs. キムさん」と いう 意味

I played a game of tennis with Kim-san.
我和金打了一场网球比赛。
Tôi thi đấu tenis với anh Kim.

キムさん**と**　一緒に　テニスの　試合を　しました。

＊私と キムさんの 二人の チームで 試合に 出ると いう 意味

I played a game of tennis together with Kim-san.
我和金一起打了一场网球比赛。
Tôi thi đấu tenis cùng với anh Kim.

よく使う動詞　結婚します　試合をします　約束します

確認ドリル 1

□の　中から　ことばを　えらんで　（　　）に　入れましょう。
※同じ　ことばを　2回　えらぶことは　できません。

(1) ワンさんは　同じクラスの　（　　　　）　ときどき　けんかを　します。

(2) チャンさんは　（　　　　）　一緒に　旅行を　しました。

(3) 自転車が　歩いている（　　　　）　ぶつかりました。

(4) 車が　多い　道だったので、（　　　　）　手を　つないで　歩きました。

人と	子どもと	家族と	チャンさんと

➡ 答えは別冊 p.4

とのいみ・はたらき 3　引用を示す

Indicates a quote
表示引用
Dùng khi trích dẫn

考えたり話したりした内容や、書いてあることの内容を「と」の前に置いて示します。

The content of thoughts, a conversation, or something written is placed before「と」.
将所想所说及所写的内容放在「と」的前面。
Nội dung suy nghĩ, nói chuyện hay được viết đặt đằng trước「と」.

❶ 今日の　テストは　あまり　難しくなかった**と**　思います。

I think that today's test wasn't very hard.
我认为今天的考试不太难。
Tôi nghĩ bài kiểm tra hôm nay không khó lắm.

❷ よく　わからない**と**　答えました。

I said I don't know.
回答说不太明白。
Tôi trả lời rằng không hiểu lắm.

❸ みんなが　待っている**と**　伝えて　ください。

Please let them know what everyone is waiting.
请转告大家都在等他。
Hãy nói lại rằng mọi người đang đợi.

ポイント

話した内容を、表現もそのまま書くときは、内容を「　」に入れます。
「　」を使わないときは、話した内容を普通体に変えて、「と」の前に置きます。

When writing something that was said or an expression verbatim, the content is placed inside「　」.
When not using「　」, change the content to plan form and place it before「と」.

将所想、所说或所写的内容直接引用，放在「　」中。
不使用「　」时，将所说的内用用一般形式放在「と」的前面。

Khi muốn viết nguyên nội dung đã nói thì đưa nội dung đó vào ngoặc「　」.
Khi không dùng「　」thì đổi nội dung đã nói về thể thường và đặt trước「と」.

くらべて わかる

○ 医者は 「仕事を 休んで ください」**と** 言いました。
　＊「そのままの 表現」＋ **と**

○ 医者は 仕事を 休め**と** 言いました。
　＊ 普通体 ＋ **と**

○「燃える ごみは 火曜日と 金曜日です」と 書いて あります。
　＊「そのままの 表現」＋ **と**

よく 使う 動詞　思います　言います　話します　書きます

確認ドリル２　つぎの ことばを 並べかえて、文を 作りましょう。

① [「ありがとう」　ワンさんは　言いました　と]

② [書いてあります　紙に　と　「絵にさわらないでください」]

③ [お酒を　と　言いました　医者は　やめろ]

➡ 答えは別冊 p.4

との いみ・はたらき 4

比(くら)べる対象(たいしょう)を示(しめ)す

Indicates targets of comparison
表示比较的对象
Chỉ đối tượng so sánh

二(ふた)つのものを比(くら)べるときに、その対象(たいしょう)を示(しめ)します。
Indicates targets when comparing two things.
在比较两个事物时表示比较的对象。
Dùng để chỉ đối tượng khi so sánh hai sự vật, sự việc.

❶ 犬(いぬ)**と** 猫(ねこ)**と**、どっちが 好(す)きですか。

Which do you like, dogs or cats?
狗和猫你更喜欢哪一个?
Chó và mèo, bạn thích con nào?

❷ 土曜日(どようび)**と** 日曜日(にちようび)では、土曜日(どようび)の ほうが 都合(つごう)が いいです。

Saturday is more convenient between Saturday and Sunday.
周六和周日，周六比较方便。
Thứ 7 và chủ nhật thì thứ 7 tôi có thời gian hơn.

❸ 大学(だいがく)**と** 専門学校(せんもんがっこう)**と**では、どちらに 行(い)きたいですか。

Which do you want to attend, university or technical school?
大学和专科学校，你想去哪个?
Đại học và trường dạy nghề, bạn muốn học trường nào?

よく 使(つか)う 表現(ひょうげん) 好(す)きです　いいです　～たいです　ほしいです　大切(たいせつ)です

との いみ・はたらき 5

同(おな)じかどうかを示(しめ)す

Indicates whether or not something is the same
表示是否相同
Diễn đạt ý có giống hay không

AとBを比(くら)べて、同(おな)じか違(ちが)うか、似(に)ているかどうかを表(あらわ)します。
Indicates whether A and B are the same, different, or similar when compared.
比较 A 和 B，表示它们是否相同、不同或相似。
Dùng khi so sánh A và B giống nhay hay khác nhau.

❶ ワンさんの テストの 答(こた)えは、隣(となり)の 人(ひと)の 答(こた)え**と** 全部(ぜんぶ) 同(おな)じだ。

Wang-san's test answers are all the same as the answers from the person next to him.
小王的考试答案和他旁边的人都一样。
Đáp án bài kiểm tra của anh Wang giống toàn bộ với đáp án người bên cạnh.

❷ 弟(おとうと)の 顔(かお)は 父(ちち)の 顔(かお)**と** 似(に)ているが、声(こえ)は 母(はは)の 声(こえ)**と** 似(に)ている。

My little brother's face looks like my father's, but his voice is like my mother's.
弟弟的脸像我父亲，但他的声音像我母亲。
Khuôn mặt của em trai giống với khuôn mặt của bố nhưng giọng nói thì giống giọng của mẹ.

❸ 今日(きょう)は とても 暑(あつ)い。涼(すず)しかった 昨日(きのう)**と** 全然(ぜんぜん) 違(ちが)う。

It's very hot today. It's nothing like yesterday, which was cool.
今天天气很热。和昨天凉快的天儿完全不一样。
Hôm nay rất nóng. Khác hẳn với hôm qua trời mát.

ポイント

比較するＡとＢのＢの中にＡと同じものが含まれる場合、省略されることが多いです。

When comparing A and B, if something identical to A is included in B, it is often omitted.
如果要比较 A 和 B 中的 B 含有与 A 相同的因素，则常常被省略。
B trong B so sánh với A, nếu có chứa yếu tố giống A thì thường được lược bỏ.

くらべて わかる

○ ワンさんの　テストの　答えは、隣の　人**と**　全部　同じだ。
　＊「の 答え」を 省略する

○ 弟の　顔は　父**と**　似ているが、声は　母**と**　似ている。
　＊「の 顔」「の 声」を省略する

よく 使う 表現　同じです　違います　似ています

確認ドリル３

□の Ａ・Ｂから　ことばを　１つずつ　えらび、間に「と」を置いて、______に　入れましょう。
※同じ　ことばを　２回　えらぶことは　できません。

(1) ____________（　　）____________では　どちらが　好きですか。

(2) ____________は　____________（　　）よく似ていて、姉妹みたいです。

(3) ____________（　　）____________では　どちらが　大切ですか。

(4) ____________は　____________（　　）全然　違って、
子どもに　自由に　させたいです。

Ａ：	私の 考え方	私の 顔	肉	時間
Ｂ：	魚	お金	母	夫

➡ 答えは別冊 p.4

UNIT 6

～を

リンゴを　食べます。

I eat apples. ／我吃苹果。
Ăn táo.

公園を　散歩します。

I walk in the park. ／我在公园散步。
Đi tản bộ trong công viên.

をの いみ・はたらき 1

動作の対象を示す

Indicates the target of an action.
表示动作的对象
Đối tượng của động tác

名詞に付いて動作の対象を示し、他動詞に続きます。
Added to nouns to indicates the target of an action, followed by a transitive verb.
附加在名词上表示动作的对象，与及物动词一起使用。
Đi với danh từ chỉ đối tượng của động tác, tiếp theo đó là động từ.

❶ 水**を**　飲みます。
I drink water.
喝水。
Uống nước.

❷ タクシー**を**　呼びます。
I call a taxi.
叫出租车。
Gọi taxi

❸ ドローン**を**　飛ばしました。
I flew a drone.
驾驶无人机。
Điều khiển fly cam.

りんご**を**　食べます

ポイント

「する」「～する」の場合、「を」や「の」で対象を示しますが、１つの文で「を」を２つ使うことはできません。また、「の」で対象を示した場合、「を」を省略することはできません。

When using「する」or「～する」,「を」or「の」are used to indicate the target, but「を」cannot be used twice in one sentence. Also, when a target is indicated with「の」,「を」cannot be omitted.

在使用“する”和“～する”时，用“を”或“の”表示对象，但不能在一个句子中使用两次“を”。另外，如果用“の”表示对象时，“を”不能省略。

「する」「～する」thì「を」hoặc「の」để chỉ đối tượng, nhưng trong 1 câu không được dùng「を」2 lần. Ngoài ra, khi dùng「の」để chỉ đối tượng thì không thể lược bỏ「を」.

くらべて わかる

○ 車**を**　運転する。
✕ 車**を**　運転**を**　する。

○ 車**の**　運転**を**　する。
✕ 車**の**　運転する。

確認ドリル１

｛　｝の　中の　正しい　ほうを　えらんで　○を　書いて　ください。

(1) 子どもを｛ 起こし ・ 起き ｝ます。

(2) パソコンを｛ 消え ・ 消し ｝ます。

(3) 手袋を｛ 落ち ・ 落とし ｝ました。

(4) たまごを｛ 割れ ・ 割り ｝ます。

➡ 答えは別冊 p.4

をのいみ・はたらき 2

使役の文の対象を示す①——他動詞の場合
しえき　ぶん　たいしょう　しめ　　　　　たどうし　　ばあい

Indicating the target of a causative sentence ① — transitive verbs
表示使役句的宾语 ① — 及物动词的情况
Chỉ đối tượng của câu sai khiến ① — Với tha động từ

使役表現の中で対象を示します。つぎのような形をとります。
［指示／許可する人］**は**　［行動／動作する人］**に**　［動作の対象］**を**させる。
しじ きょか ひと こうどう どうさ ひと どうさ たいしょう

Indicates the target within a causative expression. Takes a form like the following:
[Instructing / permitting person] は [acting person] に [target of action] を させる。
表示使役表达中的宾语。有以下形式。
[指示 / 许可的人] は [执行行动 / 行动的人] に [行动的对象] を させる。
Dùng để chỉ đối tượng trong câu sai khiến. Có dạng như sau
[Người chỉ thị/cho phép] は [người thực hiện hành động/động tác] に [đối tượng của động tác] を させる。

❶ コーチ**は**　選手**に**　ボール**を**　拾わせた。
せんしゅ　　　　　ひろ
＊強制
きょうせい

The coach made the players pick up the ball. ＊ Compelled
教练让队员捡球。＊强制
Huấn luyện viên bắt cầu thủ nhặt bóng ＊ cưỡng chế

❷ 教授**は**　学生**に**　調査**を**　手伝わせた。
きょうじゅ　がくせい　ちょうさ　てつだ
＊指示
しじ

The teacher had the students help with the survey. ＊ Instructed
教授让学生帮忙调查。＊指示
Giáo sư bắt sinh viên giúp điều tra ＊ chỉ thị

❸ 母親**は**　子ども**に**　新しい　靴**を**　買わせた。
ははおや　こ　　　あたら　　くつ　か
＊許可
きょか

The mother let her children buy new shoes. ＊ Permitted
妈妈让孩子买了新鞋。＊允许
Mẹ mua cho con đôi giầy mới ＊ cho phép

❹ 先生**は**　生徒たち**に**　体育館**を**　使わせた。
せんせい　せいと　　　たいいくかん　つか
＊容認
ようにん

The teacher let the students use the gym. ＊ Approved
老师让学生使用体育馆。＊许可
Thấy giáo cho học sinh dùng nhà thi đấu ＊ đồng ý

確認ドリル２

（　　）に　助詞（は、が、を……）を　１つ、＿＿＿に　ことばを　入れて、使役の　文に　しましょう。

(1) 警官：そこの　自転車、とまりなさい！
けいかん　　　　　じてんしゃ
私　：はい！
わたし

⇒警官（　　）私（　　）自転車（　　）＿＿＿＿＿＿＿＿＿＿＿＿＿＿＿。
けいかん　　　わたし　　　じてんしゃ

(2) 先生：ノートに　漢字を　書きなさい。
せんせい　　　　かんじ　か
学生：はい、わかりました。
がくせい

⇒先生（　　）学生（　　）漢字（　　）＿＿＿＿＿＿＿＿＿＿＿＿＿＿＿。
せんせい　　　がくせい　　かんじ

(3) 子ども：お母さん、宿題、終わったから、ゲームしても　いい？
母親：いいですよ。
⇒母親（　　）子ども（　　）ゲーム（　　）＿＿＿＿＿＿＿＿＿＿＿＿。

(4) 子ども：お父さん、のどが　かわいた。
父　親：じゃ、この　お茶を　飲みなさい。
⇒父親（　　）子ども（　　）お茶（　　）＿＿＿＿＿＿＿＿＿＿＿＿。

➡ 答えは別冊 p.4

をの いみ・はたらき 3

使役の文の対象を示す②——自動詞の場合

Indicating the target of a causative sentence ② —intransitive verbs
表示使役句的宾语 ② —不及物动词
Chỉ đối tượng của câu sai khiến ② — với tự động từ

使役表現の中で対象を示します。つぎのような形をとります。
［指示／許可する人］**は**　［行動／動作する人］**を**　［行動／動作させる］。

Indicates the target within a causative expression. Takes a form like the following:
[Instructing / permitting person] は [acting person] を [action]。
表示使役表达式中的宾语。有以下形式。
[指示 / 允许的人] は [行动 / 行动的人] を [采取行动 / 行动]。
Dùng cho đối tượng trong câu sai khiến. Có dạng như sau.
[Người chỉ thị/cho phép] は [người thực hiện hành động/động tác] を [thực hiện hành động/động tác]。

❶ 警官**は**　車**を**　止めさせた。
＊強制
The police made the car stop. ＊Compelled
警察拦住了车。 ＊强迫
Cảnh sát bắt dừng xe ＊cưỡng chế

❷ 先生**は**　学生**を**　休ませた。
＊指示
The teacher made the students take a break. ＊Instructed
老师让学生休息了。 ＊指示
Thầy giáo cho học sinh nghỉ ＊chỉ thị

❸ 親**は**　子ども**を**　祭りに　行かせた。
＊許可
The parents let the children go to the festival. ＊Permitted
家长让孩子去庙会。 ＊允许
Bố mẹ cho con đi lễ hội ＊cho phép

❹ 私**は**　犬**を**　公園で　自由に　走らせた。
＊放置
I let the dog run freely in the park. ＊Left alone
我让狗在公园里自由地奔跑。 ＊放置
Tôi cho chó chạy tự do trong công viên ＊bỏ mặc

確認ドリル３ （　）に 助詞（は、が、を……）を １つ、＿＿＿に ことばを 入れて、使役の 文に しましょう。

(1) コーチ：いまから 15分 休みなさい。
選　手：はい。
⇒コーチ（　）選手（　）15分 ＿＿＿＿＿＿＿＿＿＿。

(2) 医者：そこの ベッドに ねて ください。
患者：はい。
⇒医者（　）患者（　）ベッドに ＿＿＿＿＿＿＿＿＿＿。

(3) おばあさん：疲れたので、この いすに すわっても いいですか。
周りの人：どうぞ、どうぞ。
⇒周りの人（　）おばあさん（　）いすに ＿＿＿＿＿＿＿＿＿＿。

(4) 友だち：ごめん、ごめん、遅れて。
私　：もう……。30分も まったよ。
⇒友だち（　）私（　）30分も ＿＿＿＿＿＿＿＿＿＿。

➡ 答えは別冊 p.4

をの いみ・はたらき 4

移動する場所や対象を示す

Indicates the location or target of movement.
表示移动到的场所或物体
Chỉ địa điểm di chuyển hay đối tượng

移動する動作が行われるところを表します。
Expresses where a movement takes place.
表示移动行为所进行的位置。
Dùng cho nơi diễn ra động tác di chuyển

❶ 岩を 登ります。
I climb rocks.
攀岩。
Leo núi.

❷ 川を 泳いで 渡ります。
I swim across rivers.
游过河。
Bơi qua sông.

ポイント

移動することではなく、動作が行われる場所を特に言いたい場合は、「で」で表します。
（いどう）　　　　　　　　　　　　（どうさ）（おこな）　　　　（ばしょ）（とく）（い）　　　（ばあい）　　　　　　　　（あらわ）

「で」 is used when you want to highlight the place where an action is taken place, rather than movement.
如果不是移动，只是表示动作进行的场所时，请使用“で”。
Khi muốn nhấn mạnh địa điểm diễn ra động tác chứ không phải việc di chuyển thì dùng trợ từ「で」.

くらべて わかる

O 山道**を** 走る。
（やまみち）　（はし）
X 山道**で** 走る。
（やまみち）　（はし）
O 山道**で** 転んだ。
（やまみち）　（ころ）

いっしょに よく 使う 動詞 歩く 走る 散歩する 登る 泳ぐ 飛ぶ すべる
（つか）（どうし）　（ある）（はし）（さんぽ）（のぼ）（およ）（と）

確認ドリル4

つぎの（　　）に 合う 動詞を □から えらんで 書いて
（かくにん）　　　　　　　　　　　　　　（あ）　（どうし）　　　　　　　　　　（か）
ください。 ※同じ ことばを 2回 えらぶことは できません。
（おな）　　　　　（かい）

(1) このサルは 木と 木の 間を（　　　　　　） 移動する。
（き）　（き）（あいだ）　　　　　　　　　　　（いどう）

(2) ケーブルカーは、急な 坂道を ゆっくり （　　　　　　）いった。
（きゅう）（さかみち）

(3) この 村の 子どもたちは 山道を （　　　　　　）、学校に 通っている。
（むら）（こ）　　　　　（やまみち）　　　　　　　（がっこう）（かよ）

(4) この 島に クマは いなかったが、海を （　　　　　　） 来た ようだ。
（しま）　　　　　　　　　　　　　（うみ）　　　　　　　（き）

飛んで	上って	泳いで	歩いて

（と）	（のぼ）	（およ）	（ある）

➡ 答えは別冊 p.4
（こた）（べっさつ）

をのいみ・はたらき 5

通過(つうか)する場所(ばしょ)や地点(ちてん)を示(しめ)す

Indicates a place or point that is passed through.
表示经过的场所或地点
Chỉ địa điểm đi qua hoặc điểm xuất phát

いっしょに よく 使(つか)われる 動詞(どうし)　出(で)る　入(はい)る　渡(わた)る　通(とお)る　曲(ま)がる　など

❶ 危(あぶ)ないので、こちら**を**　通(とお)って　ください。

It's dangerous, so please go this way.
危险，请走这条路。
Nguy hiểm nên hãy đi qua chỗ này.

❷ あの　橋(はし)**を**　渡(わた)りましょう。

Let's cross that bridge.
我们过那座桥吧。
Hãy đi qua cầu nào!

❸ 次(つぎ)の　角(かど)**を**　右(みぎ)に　曲(ま)がって　ください

Please turn right at the next corner.
在下一个拐角处右转。
Hãy rẽ phải ở ngã rẽ tiếp theo.

確認(かくにん)ドリル5

つぎの（　　）に　合(あ)う　動詞(どうし)を　下(した)の［　　］から　えらんで　書(か)いて　ください。
※同(おな)じ　ことばを　2回(かい)　えらぶことは　できません。

(1) この　神社(じんじゃ)は、門(もん)を（　　　　　　　）ところに、有名(ゆうめい)な　池(いけ)が　ある。

(2) A：あ、お弁当(べんとう)　買(か)うの　忘(わす)れた。
B：さっき、商店街(しょうてんがい)を（　　　　　　　）でしょ。
あそこに　お弁当屋(べんとうや)さんが　あったよ。

(3) A：近(ちか)くに　銀行(ぎんこう)は　ありますか。
B：その　角(かど)を（　　　　　　　）ら、右側(みぎがわ)に　すぐ　見(み)えますよ。

(4) A：かばんを　なくしたので　けいさつに　行(い)きたいんですが。
B：あの　信号(しんごう)を　ちょっと（　　　　　　　）ところに　交番(こうばん)が　ありますよ。

過(す)ぎた	通(とお)った	曲(ま)がった	入(はい)った

➡ 答(こた)えは別冊(べっさつ) p.5

をのいみ・はたらき 6

動作の起点、出発点、出る場所を表す
（どうさ　きてん　しゅっぱつてん　で　ばしょ　あらわ）

Expresses the starting point, point of departure, or place left when performing an action.

示动作的起点、出发点、出口点

Chỉ nơi bắt đầu của hành động, điểm xuất phát, nơi đi ra

あるところから出たり離れたりする動作や行動を表し、対象となる場所などを示します。

Expresses an action or act that involves leaving or getting away from a place, indicating the target location, etc.
表示离开或远离某一地点的动作或行动，并表对象的场所。
Dùng cho động tác hay hành động đi ra, rời khỏi nơi nào đó, địa điểm đối tượng.

❶ 学校の　前で　タクシー**を**　降りた。

I got out of the taxi in front of the school.
我在学校门口下了出租车。
Xuống taxi ở trước cổng trường.

❷ 高校**を**　出てから　日本に　来た。
（こうこう　で　にほん　き）

I came to Japan after finishing high school.
高中毕业后来到日本。
Sau khi ra khỏi cấp 3 là tôi đến Nhật.

❸ 新幹線は　６時に　東京駅**を**　出た。
（しんかんせん　じ　とうきょうえき　で）

The Shinkansen left Tokyo Station at 6.
新干线 6 点从东京站出发。
Tàu siêu tốc rời ga Tokyo lúc 6h.

確認ドリル６

つぎの（　　）に　合う　ことばを　□から　えらんで　書いて　ください。　※同じ　ことばを　２回　えらぶことは　できません。

(1) 日本では　ふつう、３月に（　　　　　　）を　卒業します。
（にほん　がつ　そつぎょう）

(2) 仕事が　終わり、（　　　　　　）を　出たのは　９時過ぎだった。

(3) 東京駅で（　　　　　　）を　降りたら、地下鉄に　乗り換えて　ください。
（とうきょうえき　お　ちかてつ　のか）

(4) ８時に（　　　　　　）を　出た　飛行機は　１０時過ぎに　沖縄に　着いた。
（じ　で　ひこうき　じす　おきなわ　つ）

空港	新幹線	会社	学校
くうこう	しんかんせん	かいしゃ	がっこう

➡ 答えは別冊 p.5

グループ1
格助詞

名詞などの後に付いて、その語と他の語との関係を表す
めいし　　あと　　つ　　　　　　ご　　ほか　　ご　　かんけい　あらわ

Follows nouns and more to express the relationship between that word and others. ／用在名词之后，表示该词与其他词之间的关系。 ／ Đứng sau danh từ v.v..., chỉ mối quan hệ giữa từ đó với các từ khác.

UNIT 7

～が

荷物が　届きました。

The luggage arrived. ／包裹已到达。
Đồ đã tới.

こっちが　しょうゆです。

This is soy sauce. ／这个是酱油。
Đây là xì dầu.

がの いみ・はたらき 1

新しい情報を示す
あたら　　じょうほう　　しめ

Indicates new information
表示新信息
Chỉ thông tin mới

ニュースやお知らせなどを伝えます。

Conveys news, notifications, and so on.
传达新闻及通知等。
Truyền đạt tin tức, thông báo.

こっち**が**　しょうゆです。

---

❶ 自動車事故**が**　あった。

There was a car crash.
发生了车祸。
Có tai nạn xe hơi.

---

❷ 日曜日に　マラソン大会**が**　行われます。
にちよう び　　　　　　　 たいかい　　　おこな

A marathon will be held on Sunday.
周日将举行马拉松大会。
Cuộc đua marathon được tổ chức vào .

---

❸ あすは　雪**が**　降るでしょう。

It is forecast to snow tomorrow.
明天会下雪吧。
Ngày mai có thể tuyết rơi.

確認ドリル 1

左の ことばに つづくのは どれですか。a～dから 一つ
ひだり ひと
えらびましょう。線を 書いて ください。
せん か

(1) 昨日、田中さんが　　　・
　　 きのう たなか

・ a 入院される そうです。
　　　　にゅういん

(2) 新しい コンビニが　　・
　　 あたら

・ b 作りました。どうぞ。
　　　つく

(3) 課長が　　　　　　　・
　　 かちょう

・ c 来られました。
　　　こ

(4) これ、私が　　　　　・
　　　 わたくし

・ d できました。

➡ 答えは別冊 p.5

が の いみ・はたらき 2　新しい事実を示す
　　　　　　　　　 あたら じじつ しめ

Indicates new facts
表示新事实
Diễn tả sự thực mới

問題になっていることや話題になっていることについて、その答えになる
もんだい わだい こた
ような事実や情報を示します。
　　じじつ じょうほう しめ

Indicates facts or information that act as an answer to a problem or a topic of conversation.
表示作为回答问题或话题的事实和信息。
Dùng cho thông tin, sự thực là câu trả lời cho việc đang được nhắc tới.

❶ 私が 田中です。
　 わたし たなか

I am Tanaka.
我就是田中。
Tôi chính là Tanaka.

❷ こちらが お部屋の かぎです。
　　　　　　 へや

This is the room's key.
这个是你房间的钥匙。
Đây là chìa khóa phòng.

❸ 毎週月曜日が 休みです。
　 まいしゅうげつようび やす

Every Monday is a day off.
每周一休息。
Chủ nhật hàng tuần là ngày nghỉ.

私が 書きました
わたし か

に
へ
で
の
と
を
が
から
まで
より

グループ 1

がの いみ・はたらき 3

疑問詞の後に付いて疑問文を作る

Attached to interrogatives to create an interrogative sentence

用于疑问词后的疑问句

Đứng sau từ để hỏi để tạo thành câu hỏi

文の始めの疑問詞に付いて疑問文を作ります。また、疑問詞を使った文で聞いていることの答えの後ろに付きます。

Creates interrogative sentences by being attached to the first interrogative in a sentence.

用于句首的疑问词后的疑问句。另外还用于作为回答的词语的后面。

Đi kèm với từ để hỏi đặt ở đầu câu để tạo thành câu hỏi. Ngoài ra còn đứng sau câu trả lời cho câu có sử dụng từ để hỏi.

❶ A：誰**が**　休みですか。
　B：ホンさん**が** 休みです。

A: Who is off today?
B: Hon-san is off.
A：是谁休息?
B：是洪先生休息。
A: Ai nghỉ nhỉ?
B: Bạn Hong nghỉ.

❷ A：どこ**が**　痛いですか。
　B：ここ**が**　痛いです。

A: Where does it hurt?
B: It hurts here.
A：哪里痛?
B：这里很痛
A: Ở đâu đau?
B: Ở đây đau.

❸ A：どなた**が**　林さんですか。
　B：わたし**が**　林です。

A: Who is Hayashi-san?
B: I am Hayashi.
A：谁是林先生?
B：我就是林。
A: Ai là anh Hayashi?
B: Tôi chính là Hayashi.

確認ドリル2

［　　］から　正しい　ことばを　えらんで　（　　）に　書いて　ください。　※同じ　ことばを　2回　えらぶことは　できません。

(1) A：(　　　　) が　ひまですか。
　　B：来週の　水曜日が　ひまです。

(2) A：(　　　　) スマホが　ほしいですか。
　　B：軽い　スマホが　ほしいです。

(3) A：(　　　　) が　問題ですか。
　　B：レポートが　間に合わないんです。

(4) A：(　　　　) が　あなたの　かさですか。
　　B：その白いのが　わたしのです。

どんな	どれ	いつ	なに

➡ 答えは別冊 p.5

がのいみ・はたらき 4

自動詞に続く （じどうし　つづ

Added to intransitive verbs.
用于不及物动词后面
Đứng trước tự động từ

後に自動詞が続く主語に付きます。
（あと　じどうし　つづ　しゅご　つ）

Added to subjects that are followed by intransitive verbs.
用在主语后面，后接不及物动词。
Đứng sau chủ ngữ, trước tự động từ.

❶ 子ども**が**　泣いている。

The child is crying.
孩子在哭。
Đứa trẻ khóc.

❷ 電車**が**　出る。

The train leaves.
火车出来。
Tàu điện xuất phát.

❸ せき**が**　止まらない。

The coughing won't stop.
咳嗽止不住。
Ho không dừng.

確認ドリル3（かくにん）

｛　　｝の　中の　正しい　ほうを　えらんで　○を　書いて　ください。

(1)　ビールが　｛　冷やして　・　冷えて　｝　います。

(2)　つくえが　｛　並んで　・　並べて　｝　います。

(3)　いすの　上に　犬が　｛　乗せて　・　乗って　｝　います。

(4)　ドアが　｛　開いて　・　開けて　｝　います。

がの いみ・はたらき 5

できることや好き嫌いなどを表す

Indicates what is possible, or likes and dislikes.
表示会做的事情、喜欢或不喜欢的事情等。
Diễn tả việc có thể làm được, yêu ghét.

ある物事について、できるかどうか、好きか嫌いか、得意か苦手かを述べます。

Explains whether or not something is possible, whether it is liked or hated, or if it is easy or difficult for someone to perform.
描述是否能做某件事、喜欢还是不喜欢以及擅长还是不擅长。
Dùng để nói việc có thể làm hay không, giỏi hay kém, yêu hay ghét.

❶ 料理**が**　できます。

I can cook.
做饭会。
Tôi có thể nấu ăn.

❷ ダンス**が**　得意です。

I am good at dancing.
擅长跳舞。
Tôi nhảy giỏi.

❸ パソコンで　絵**が**　かけます。

Pictures can be drawn on the computer.
可以用电脑画画。
Tôi có thể vẽ tranh trên máy tính.

確認ドリル4

□から　正しい　ことばを　えらんで（　　）に　書いて　ください。　※同じ　ことばを　2回　えらぶことは　できません。

(1) 納豆が①（　　　　　　　　）だ。においが②（　　　　　　　　）だ。

(2) タンさんは　すごい！　日本語が　ほんとうに（　　　　　　　　）だ。

(3) 子どもの　気持ちが（　　　　　　　　）。

(4) スポーツが　あまり（　　　　　　　　）ではない。

じょうず	だめ	にがて	すき	わからない

➡ 答えは別冊 p.5

がの いみ・はたらき 6

あることやいることを表す

Expresses presence
表示所有或存在
Diễn đạt có hay tồn tại

何かがあること、人や動物がいることを表します。

Expresses that something exists, or that a person or animal is present.
表示有什么，例如人或动物。
Dùng để diễn đạt có cái gì đó hoặc tồn tại người, động vật.

❶ 姉と　妹**が**　います。

I have an older and younger sister.
我有一个姐姐和一个妹妹。
Tôi có chị gái và em gái.

❷ むかし、ここに　城**が**　あった。

There used to be a castle here.
从前，这里有一座城堡。
Ngày xưa ở đây có ngôi thành.

❸ マンションの　１階に　コンビニ**が**　ある。

There is a convenience store on the first floor of the apartment.
公寓一楼有便利店。
Ở tầng 1 chung cư có cửa hàng tiện ích.

確認ドリル５

「ある」か「いる」を　正しい　形に　して、（　　）に　書いてください。

(1) ホテルに　電話したら、空いている　部屋が　一つ（　　　　　）。

(2) 先週の　日曜日、公園には　たくさんの　人が（　　　　　）。

(3) 海の　中には、私たちの　知らない　魚が　もっと（　　　　　）だろう。

(4) テーブルの　下に　探していた　消しゴムが（　　　　　）。

➡ 答えは別冊 p.5

がの いみ・はたらき 7

経験・習慣・アドバイスなどを表す

Expresses experience, habits, advice, etc.
表示经验、习惯、建议等。
Chỉ kinh nghiệm, thói quen, lời khuyên

ある行為や状態などを示して、経験や習慣、評価、アドバイスなどを述べます。

Indicates an action, state, etc. and describes experience, customs, evaluation, advice, etc. about it.
表示某种行为或状态，描述经验、习惯、评价、建议等。
Đưa ra 1 hành vi, trạng thái để nói về kinh nghiệm, thói quen, đánh giá, lời khuyên v.v...

❶ 彼女は、遅刻したこと**が**　ない。

She has never been late.
她从来没有迟到过。
Cô ấy chưa bao giờ đến muộn.

❷ おなかが　痛くなる　こと**が**　ある。

Sometimes my stomach hurts.
肚子有时会痛。
Có thể đau bụng.

❸ 食べ過ぎない　ほう**が**　いい。

It is better to not eat too much.
最好不要吃太多。
Không nên ăn quá nhiều.

確認ドリル6

次の【　】の　動詞を　正しい　形に　して、＿＿に　書いてください。

(1) わたしは　キャンプに　【行く】⇒ ＿＿＿＿＿＿ことが　ないので、行ってみたい。

(2) 山の　水は　きれいに　見えても　【飲む】⇒ ＿＿＿＿＿＿ほうが　いい。

(3) たまに　日本の　歌を　【歌う】⇒ ＿＿＿＿＿＿ことが　あるが、人の　前では　歌わない。

(4) 熱が　あるのですか。アルバイトは　【休む】⇒ ＿＿＿＿＿＿ほうが　いいですよ。

➡ 答えは別冊 p.5

がの いみ・はたらき 8

感覚(かんかく)を表(あらわ)す

Expresses sensation
表示感觉
Diễn tả cảm giác

目(め)、耳(みみ)、鼻(はな)、舌(した)、体(からだ)などの感覚(かんかく)でとらえられることを表(あらわ)します。
Expresses sensations that can be felt by the eyes, ears, nose, tongue, body, etc.
表示通过眼睛、耳朵、鼻子、舌头、身体等感觉而感到的事情。
Dùng khi diễn tả cảm giác của mắt, tai, mũi, lưỡi, cơ thể v.v...

❶ 公園(こうえん)**が**　見(み)える。

The park is visible.
能看到公园。
Nhìn thấy công viên.

❷ 変(へん)な　音(おと)**が**　する。

There is a strange sound.
觉得有种奇怪的声音。
Nghe thấy âm thanh lạ.

❸ この　スープ、変(か)わった　味(あじ)**が**　する。

This soup has a strange taste.
这个汤有种怪味。
Món canh này có vị lạ.

❹ 足(あし)**が**　痛(いた)い。

My legs hurt.
感到腿脚痛。
Chân đau.

よく 使(つか)う 動詞(どうし)　見(み)える　聞(き)こえる　する

確認(かくにん)ドリル7

□から　ことばを　えらんで　(　　)に　書(か)いて　ください。
※同(おな)じ　ことばを　2回(かい)　えらぶことは　できません。

(1) どこかで　花(はな)が　さいているのだろうか。いい (　　　　　　) が　する。

(2) この　サラダは　古(ふる)くないですか。少(すこ)し　すっぱい (　　　　　　) が　する。

(3) ガラスで　作(つく)った　このベルは、鳴(な)らすと、とても　きれいな (　　　　　　) が　する。

(4) 公園(こうえん)の　ほうから　子(こ)どもたちが　楽(たの)しそうに　遊(あそ)んでいる (　　　　　　) が　する。

あじ	におい	こえ	おと

➡ 答(こた)えは別冊(べっさつ) p.5

がの いみ・はたらき 9

願望や欲求を表す

Expresses wishes or desires
表示愿望或欲望
Diễn tả nguyện vọng, yêu cầu

「〜たい」や「ほしい」と一緒に願望や欲求を表すときに、その対象となるものを示します。

Used together with「〜たい」or「ほしい」when expressing wishes or desires to indicate their target.
与「〜たい」或「ほしい」表示愿望或欲望一起使用时，表示其愿望和欲望的对象。
Chỉ đối tượng của câu thể hiện nguyện vọng, yêu cầu như「〜たい」hay「ほしい」.

❶ 水**が** 飲みたいです。

I want to drink water.
我想喝水。
Tôi muốn uống nước.

❷ 新しい スマホ**が** ほしいです。

I want a new smartphone.
我想要一部新智能手机。
Tôi muốn có điện thoại mới.

ポイント1

「が」は強い気持ちを表します。ふつうの希望の場合は「を」を使います。

「が」indicates strong feelings.「を」is used when discussing normal hopes.
「が」表示强烈的愿望，一般的愿望，用「を」。
「が」diễn đạt mạnh cảm xúc nên khi có nguyện vọng bình thường thì dùng「を」.

くらべて わかる

○ 焼肉**が** 食べたい！
○ 焼肉**を** 食べたい。

ポイント2

否定表現の場合は、「が」ではなく、「は」を使います。

In negative expressions,「は」is used, not「が」.
表达否定时用“は”而不是“が”。
Trong câu phủ định thì không dùng「が」mà dùng「が」.

❶ 高い 服**は** 買いたくないです。

I do not want to buy expensive clothes.
不想买太贵的衣服。
Tôi không muốn mua quần áo đắt tiền.

❷ 飲み物**は** そんなに ほしくないです。

I do not want something to drink that much.
不太想喝喝的。
Tôi không muốn có đồ uống lắm.

ポイント3

自分ではない人については、「～ほしがる」「～たがる」を使いますが、この場合は、「が」を使いません。

「～ほしがる」and「～たがる」are used for people who are not yourself, but「が」is not used in these situations.
不是自己本人的愿望时，使用「～ほしがる」「～たがる」，这种情况下，不使用「が」。
Về người không phải là mình thì dùng「～ほしがる」「～たがる」nhưng với trường hợp này thì không dùng「が」.

くらべて わかる

○ 弟は　新しい　ゲーム**を**　ほしがっている。
✕ 弟は　新しい　ゲーム**が**　ほしがっている。

○ すぐに　答え**を**　知りたがるのは、君の　よくない　ところだ。よく　考えて。
✕ すぐに　答え**が**　知りたがるのは、君の　よくない　ところだ。よく　考えて。

ポイント4

誰かに何かの行動や動作を望むときに使う「～てほしい」の場合は、「が」を使いません。

When using「～てほしい」to hope for an action or act from someone,「が」is not used.
当希望"让某人做某事或某种行为"时，不能使用「が」。
Khi dùng mẫu câu「～てほしい」để diện đạt nguyện vọng muốn ai đó làm gì thì không dùng.

くらべて わかる

○ 父に　私の　こと**を**　理解してほしい。
✕ 父に　私の　こと**が**　理解してほしい。

確認ドリル8　つぎの（　）に「が」か「を」を入れてください。

(1) あ～、お腹すいた！　早く　晩ごはん（　）食べたい。

(2) 場所が　ちょっと　不便なので、妻は　引っ越し（　）したがっている。

(3) 新しい　カメラ（　）ほしくて　ほしくて、がまんできない。

(4) 田中さんは　料理が　上手だから、パーティーの　料理（　）作って　ほしいな。

➡ 答えは別冊 p.5

がの いみ・はたらき 10

ある事柄について説明する
（ことがら）（せつめい）

Explaining something
表示对某事情进行说明
Giải thích về một sự việc

文全体の主題や主語を「は」で示し、その一部分を「が」で示します。
（ぶんぜんたい）（しゅだい）（しゅご）　　　　　　　　　（いちぶぶん）　　　（しめ）

The topic or subject of an entire sentence is indicated with「は」, while「が」indicates a portion of it.
表示整个句子的主题或主语用「は」，其中一部分的主语用「が」。
Chủ ngữ và chủ đề của cả câu được diễn đạt bằng「は」, còn một phần thì bằng「が」.

❶ 今日**は**　気温**が**　高い。
（きょう）（きおん）（たか）

The temperature is high today.
今天气温很高。
Hôm nay nhiệt độ cao

❷ 新幹線**は**　窓**が**　開かない。
（しんかんせん）（まど）（あ）

The windows on the Shinkansen do not open.
新干线窗打不开。
Cửa sổ tàu siêu tốc không mở.

❸ この　人形**は**　目**が**　動く。
（にんぎょう）（め）（うご）

This doll has eyes that move.
这个人偶眼睛会动。
Con búp bê này mắt động đậy được.

確認ドリル９

左の　ことばに　つづくのは　どれですか。a～dから　一つ　えらびましょう。線を　書いて　ください。
（かくにん）（ひだり）　　　　　　　　　　　　　　　　　　　　　（ひと）

(1)	この　町は　・	・a	屋上が　プールに　なっている。
(2)	この　めがねは　・	・b	人口が　増えている。
(3)	あの　人は　・	・c	軽くて　じょうぶだ。
(4)	あの　体育館は　・	・d	手足が　長くて　かっこいい。
（たいいくかん）（てあし）（なが）

➡ 答えは別冊 p.6

がの いみ・はたらき 11

理由(りゆう)や条件(じょうけん)を表(あらわ)す

Expresses reason or condition
表示理由或条件
Diễn tả lí do, điều kiện

「から」や「たら」などを使(つか)って理由(りゆう)や条件(じょうけん)を説明(せつめい)する場合(ばあい)は、「は」が「が」に変(か)わります。

When explaining a reason or condition using「から」or「たら」,「は」turns into「が」.
当使用「から」或「たら」解释原因或条件时，「は」变为「が」。
Khi dùng「から」hay「たら」để giải thích về lí do, điều kiện thì「は」đổi thành「が」.

❶ お年寄(としよ)り**が**　乗(の)ってきたので、私(わたし)は　すぐに　席(せき)を　立(た)ちました。

An elderly person got on, so I stood up from my seat at once.
车上来了一位老人，我立即从座位上站了起来。
Người già lên tàu nên tôi đứng ngay lên nhường ghế.

❷ 最後(さいご)の　電車(でんしゃ)**が**　出(で)たら、駅(えき)は　静(しず)かに　なった。

Once the last train left, the station became quiet.
当末班车开走时，车站变得安静了。
Tàu điện cuối cùng đã rời ga nên nhà ga trở nên yên tĩnh.

❸ 市長(しちょう)**が**　代(か)わった　とき、市民(しみん)は　期待(きたい)を　した。

When the mayor changed, the citizens had hope.
市长换更换时，市民有都抱有期待。
Khi thay đổi thị trưởng, người dân rất hy vọng.

ポイント

前後(ぜんご)の文(ぶん)の動作主(どうさしゅ)が同(おな)じときは、どちらかを省略(しょうりゃく)します。
When the agent for what comes before and after is the same, one is omitted.
前后动作的主语一致时，可以省略其一。
Khi chủ thể động tác của câu trước sau giống nhau thì lược bỏ 1 bên nào đó.

くらべて わかる

O 私(わたし)**は**　料理(りょうり)を　作(つく)っているとき、（私(わたし)は）音楽(おんがく)を　聞(き)いている。
X 私(わたし)**は**　料理(りょうり)を　作(つく)っているとき、夫(おっと)**は**　音楽(おんがく)を　聞(き)いている。
O 私(わたし)**が**　料理(りょうり)を　作(つく)っているとき、夫(おっと)**は**　音楽(おんがく)を　聞(き)いている。

確認ドリル10 つぎの 2つの 文と【 】の ことばを 少し 変えて、1つの 文に しましょう。

(1) 私は 郊外に 引っ越した。／【ので】／私は 朝、家を 早く 出なければならなくなった。

→ ＿＿＿＿＿＿＿＿＿＿＿＿＿＿＿＿＿＿＿＿＿＿＿。

(2) 子どもは 18歳に なる。／【たら】／子どもは 大人としての 責任が生まれる。

→ ＿＿＿＿＿＿＿＿＿＿＿＿＿＿＿＿＿＿＿＿＿＿＿。

(3) 私は たくさん 歩く。／【と】／私は ひざが 痛くなる。

→ ＿＿＿＿＿＿＿＿＿＿＿＿＿＿＿＿＿＿＿＿＿＿＿。

(4) 友だちは 私に 電話を かけてきた。／【とき】／私は 食事中だった。

→ ＿＿＿＿＿＿＿＿＿＿＿＿＿＿＿＿＿＿＿＿＿＿＿。

➡ 答えは別冊 p.6

がの いみ・はたらき 11

名詞修飾の中で主語を示す

Indicates subject in a noun modifier
表示名词修饰中的主语
Diễn đạt chủ ngữ trong câu định ngữ danh từ

名詞修飾の文の中で、主語を示します。
※「が」の代わりに「の」を使うこともできます。
Indicates the subject inside a noun modifying sentence. ※「の」can also be used in place of「が」.
在名词修饰句中表示主语。 ※可以用「が」代替「の」
Chỉ chủ ngữ trong câu định ngữ danh từ. ※ Có thể thay thế「が」bằng「の」

---

❶ あれは アンさん**が** 住んでいる マンションです。
(＝あれは アンさん**の** 住んでいる マンションです。)

That is the apartment that An-san lives in.
这是 Anne 住的公寓。
Kia là nhà chung cư chị An đang ở.

---

❷ 私**が** 頼んだ コピーは もう できていますか。
(＝私**の** 頼んだ コピーは もう できていますか。)

Are the copies that I asked for done already?
我要的咖啡做好了吗?
Copy tôi nhờ đã xong chưa?

ポイント

名詞修飾の文と全体の文の動作主が同じときは、名詞修飾の「～が」を省略します。
めい し しゅうしょく ぶん ぜんたい ぶん どう さ しゅ おな めい し しゅうしょく しょうりゃく

When the actor is the same in a noun modifying sentence and the sentence overall, the noun modifying「～が」is omitted.

当名词修饰的句子与整体句子的主语一致时，修饰名词的「～が」可以省略。

Khi câu định ngữ danh từ và chủ ngữ của cả câu giống nhau thì lược bỏ「～が」của định ngữ danh từ.

くらべて わかる

○ 私は、（私が） 昨日 書いた 作文を 家に 忘れてきた。
わたし　　わたし　　きのう　　か　　　さくぶん　　いえ　　わす

✕ 私は、私は 昨日 書いた 作文を 家に 忘れてきた。
わたし　わたし　きのう　か　　　さくぶん　いえ　　わす

確認ドリル 11　つぎの 文を 正しい 形に しましょう。
かくにん　　　　　　　　ぶん　　ただ　　かたち

例：これは 人形です。 ＋ 私は 人形を 京都で 買いました。
れい　　　　にんぎょう　　　　わたし　にんぎょう　きょうと　か

→ これは 私が 京都で 買った 人形です。
わたし　きょうと　　か　　　　にんぎょう　　　　　。

(1) 母は 手紙を 書きました。 ＋ その 手紙を 私は 大切に しています。
はは　てがみ　　か　　　　　　　　　　てがみ　わたし　たいせつ

→ ＿＿＿＿＿＿＿＿＿＿＿＿＿＿＿＿＿＿＿＿。

(2) 私の 子どもは 幼稚園に 入りました。
わたし　こ　　　ようちえん　はい

＋ その 幼稚園に 入ると、大学まで 行くことが できます。
ようちえん　はい　　　だいがく　　い

→ ＿＿＿＿＿＿＿＿＿＿＿＿＿＿＿＿＿＿＿＿。

(3) 姉は かばんを くれました。

＋ 姉は そのかばんを パリで 買いました。

→ ＿＿＿＿＿＿＿＿＿＿＿＿＿＿＿＿＿＿＿＿。

(4) 公園の サクラの 木は 切られました。

＋ 私は 毎年、公園の サクラを 楽しんでいます。
わたし　まいとし　こうえん　　　　　たの

→ ＿＿＿＿＿＿＿＿＿＿＿＿＿＿＿＿＿＿＿＿。

➡ 答えは別冊 p.6
こた　　べっさつ

グループ1
に
へ
で
の
と
を
が
から
まで
より

Follows nouns and more to express the relationship between that word and others. ／用在名词之后，表示该词与其他词之间的关系。／ Đứng sau danh từ v.v..., chỉ mối quan hệ giữa từ đó với các từ khác.

UNIT 8

〜から

お店は　10時からです。
みせ　　　　じ

The store opens at 10. ／商店从上午 10 点开始营业。
Cửa hàng mở từ 10h

駅から　歩いて　行きました。
えき　　　ある　　　い

I went by walking from the station. ／从车站步行去了。
Đi bộ từ ga vào.

からの
いみ・はたらき
1

時間の始まりを示す
じ かん　はじ　　しめ

Indicates starting time
表示时间的开始
Chỉ sự bắt đầu của thời gian

ある物事が始まる時を示します。
ものごと　はじ　　とき　しめ

Indicates the time when something begins.
表示某事开始的时间。
Dùng để chỉ thời điểm một sự việc bắt đầu

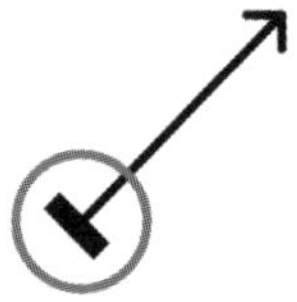

❶ 会議は　2時**から**です。
かい ぎ　　　じ

The meeting begins at 2.
会议从 2 点开始。
Cuộc họp từ 2 giờ.

❷ 来週**から**　夏休みだ。
らいしゅう　　　なつやす

Summer break starts next week.
下周开始放暑假。
Từ tuần sau là nghỉ hè.

❸ きのうの　夜**から**　頭が　痛い
よる　　　あたま　いた

My head has hurt since last night.
从昨天晚上头开始疼。
Đau đầu từ đêm hôm qua.

❹ 中学**から**　柔道を　始めた。
ちゅうがく　　じゅうどう　　はじ

I began judo in middle school.
我从初中开始练柔道。
Bắt đầu học võ judo từ cấp 2.

確認ドリル 1

つぎの（　　）に 合う ことばを □から えらんで 書いて ください。

(1) この 店は どうしたんだろう。（　　　　　　　）から 閉まった ままだ。

(2) （　　　　　　　）から １年生だね。がんばって。

(3) （　　　　　　　）から ずっと ピアノを 弾きたかった。

(4) 日本人は （　　　　　　　）から、この 土地に 暮らしていた そうだ。

２万年前	春	先月	子どもの ころ

➡ 答えは別冊 p.6

からの いみ・はたらき 2

動作や行動などが始まる地点を示す

Indicates the point where an action, act, etc. begins.
表示动作或行动开始的地点
Chỉ địa điểm bắt đầu của động tác, hành động

ある動作や行動、状態などが始まる場所や起点を示します。
Indicates the place or point where an action, act, state, etc. begins.
表示某种动作、行为、状态等开始的场所或起点。
Dùng để chỉ địa điểm, khởi điểm bắt đầu của một động tác, hành động hay trạng thái.

❶ 家**から** 自転車で 出かける。

I left home by bike.
骑自行车出门。
Đi chơi từ nhà bằng xe đạp.

❷ 京都**から** 船で 北海道へ 行く。

I went from Kyoto to Hokkaido by boat.
从京都乘船去北海道。
Đi từ Kyoto đến Hokkaido bằng tàu thủy.

ポイント

出る場所がはっきりしている場合は、「から」と「を」を置き換えることができますが、はっきりしていない場合は、「から」しか使えません。

「から」and「を」can be used interchangeably when knowing exactly where the point of departure is, but only「から」can be used when it is uncertain.
在出来的场所确定时，可以用“を”替换“から”，但不确定，只能使用“から”。
Khi địa điểm xuất phát rõ rang thì có thể thay thế giữa「から」và「を」nhưng khi không rõ ràng thì chỉ có thể dùng「から」.

くらべて わかる

O 風呂**を**　出る。
O 風呂**から**　出る。

✕ 山**を**　日が昇る。
O 山**から**　日が昇る。

確認ドリル2

左の　ことばに　つづくのは　どれですか。a～dから　一つ　えらびましょう。線を　書いて　ください。

(1) サクラは、暖かい　沖縄から　・　　・a 私を　呼ぶ　声が　聞こえた。
(2) 400万人　近くの　人が、日本から　・　　・b 走って　帰った。
(3) かさが　なかったので、駅から　・　　・c 咲き始める。
(4) バスを　待っていたら、遠くから　・　　・d 外国に　移り住んだ。

➡ 答えは別冊 p.6

からの いみ・はたらき 3　方向の起点を示す

Indicates initial direction
表示方向的起点
Chỉ điểm bắt đầu của phương hướng

ある動作や行為、変化などの方向について、その起点を示します。
Indicates the starting point for the direction of an action, act, change, etc.
表示某种动作或行为、变化等方向的起点。
Dùng để chỉ khởi điểm của phương hướng của hành động, hành vi hay sự thay đổi.

❶ 海**から**　風が　吹いてきた。

The wind blew from the sea.
风从海上吹来。
Gió thổi từ biển tới.

❷ ここ**から**　富士山が　見える。

You can see Mt. Fuji from here.
从这里可以看到富士山。
Từ đây có thể nhìn thấy núi Phú Sĩ.

確認ドリル3

つぎの（　　）に 合う ことばを □から えらんで 書いて ください。 ※同じ ことばを 2回 えらぶことは できません。

(1) 今日は（　　　　　　）から 吹く 暖かい 風の ため、気温が 高くなる でしょう。

(2) （　　　　　　）から 車が 急に 止まる 音が 聞こえた。

(3) 突然、（　　　　　　）から 2センチくらいの 氷が 降ってきて、驚いた。

(4) 雨の 後、（　　　　　　）から 川の 水が どんどん 流れてきた。

あっちの ほう	空	南	山の ほう

➡ 答えは別冊 p.6

からの いみ・はたらき 4

変化の起点を示す

Indicates the starting point of a change
表示变化的起点
Chỉ khởi điểm của thay đổi

ある状態の変化について、変化の起点を示します。
Indicates the starting point for a change in state.
表示某种状态变化的起点。
Dùng để chỉ khởi điểm thay đổi của một trạng thái.

❶ 秋に なり、山の 景色が **緑から** 赤や 黄色に 変化してきた。

It became fall and the mountain view turned from green to red and yellow.
秋天到了，山景从绿色变成红色、黄色。
Sang thu, cảnh sắc trên túi thay đổi từ xanh sang đỏ và vàng.

❷ この 大学では、2**年から** 3年に なる 時に テストが あります。

There is a test at this university when you go from your second year to your third year.
这所大学从二年级升三年级时有考试。
Trường đại học này có bài kiểm từ khi từ năm 2 lên năm 3.

確認ドリル4

（a）（b）に 入る 組み合わせは、どれが いいですか。㋐〜㋓から えらんで ください。

(1) （　） 箱の 色を（a）から （b）に 変えた。

(2) （　） （a）から （b）に なると、自分の 健康に 自信が 持てなくなる。

(3) （　） 旅行の 行き先を （a）から （b）に 変えようと 思っている。

(4) （　） 彼は、5年間 働いた 後、（a）から （b）に なった。

㋐	a	東京	b	大阪	㋑	a 白	b	赤
㋒	a	アルバイト	b	社員	㋓	a 30代	b	40代

➡ 答えは別冊 p.6

からの いみ・はたらき 5

範囲や順序の始まりを示す

Indicates the beginning of a range or sequence
表示范围或序列的开始
Chỉ sự bắt đầu của một phạm vi hay trình tự

時間的・空間的範囲や順序について、その始まりを示します。
Indicates the beginning of a range or sequence in time or space.
表示时间或空间的范围或序列的开始。
Dùng để chỉ sự bắt đầu của phạm vi, trình tự thời gian, không gian.

❶ 今日の アルバイトは、夕方の 5時**から** 9時までだ。

Today's part time job is from 5 to 9.
今天的打工时间是下午 5 点到 9 点。
Công việc làm thêm hôm nay từ 5 giờ chiều đến 9 giờ.

❷ ナイフと フォークは 外側**から** 使います。

Knives and forks are used starting from the outside.
刀叉从外侧开始使用。
Dùng dao và dĩa từ bên ngoài trước.

確認ドリル5　つぎの（　　）に　合う　ことばを □から　えらんで　書いて　ください。

(1) 名前を　呼ばれた　方から　中に　（　　　　　　　　）　お待ちください。

(2) ５階から　順番に、下の　階へ　（　　　　　　　　）　いきましょう。

(3) 私の　部屋は、端から　（　　　　　　　　）　３番目の　部屋です。

(4) 携帯電話は、肩に　かける　タイプの　ものから　（　　　　　　　　）、25年以上に　なる。

始まって　　入って　　掃除して　・　数えて

➡ 答えは別冊 p.6

❗「から」と一緒に使える助詞として、「まで」「に」「へ」などがありますが、それぞれニュアンスが少しずつ違います。

Postpositional particles like「まで」,「に」, and「へ」can be used together with「から」, but each has its own slightly different nuance.

与“から”一起使用的助词有“まで”、“に”和“へ”，但每个助词的细微差别都略有不同。

Trợ từ có thể dùng với「から」có「まで」「に」「へ」nhưng với mỗi từ lại có ý nghĩa diễn tả khác nhau.

㋐「Aから Bまで」　　㋑「Aから Bに」　　㋒「Aから Bへ」

例：朝**から**晩**まで**働く

例：信号が　赤**から**　青**に**　変わる

例：季節が　冬**から**　春**へ**と　少しずつ　移る

確認ドリル6　｛　　｝の　中の　正しい　ものを　えらんで　○を　書いて　ください。

(1) 台風は　明日、沖縄から　九州｛　まで　・　に　｝　近づいています。

(2) 私の　会社は、12月29日から　１月３日｛　まで　・　に　｝休みだ。

(3) 事故が　起きた　時の　激しい　音は、ここ｛　まで　・　に　・　へ　｝　聞こえて　きた。

(4) りんごの　実が　少しずつ　緑から　赤｛　まで　・　に　・　へ　｝と　変わってきた。

➡ 答えは別冊 p.7

からの いみ・はたらき 6

動作主を示す

Indicates an actor
表示动作行为的人
Chỉ chủ thể động tác

自分に対する動作や行為について、その動作主を示します。

Indicates the person acting when an action or act is taken involving you.
表示为自己而做出行动或行为的人。
Dùng để chỉ chủ để động tác, hành động nào đó đối với mình.

❶ 母**から**　手紙が　来た。

A letter came from my mother.
收到妈妈的来信。
Có thư từ mẹ đến.

❷ 医者**から**　注意された。

The doctor warned me.
医生警告我。
Bị bác sĩ nhắc nhở.

❸ 誕生日に　兄**から**　プレゼントを　もらった。

I got a present from my older brother for my birthday.
生日那天，我收到了哥哥送的礼物。
Nhận được quà sinh nhật từ anh trai.

確認ドリル7

つぎの（　）に　合う　ことばを［　］から　えらんで　書いて　ください。　※同じ　ことばを　2回　えらぶことは　できません。

(1) 学校から　（　　　　　　）が　かかってきた。

(2) 友だちから　（　　　　　　）を　受けた。

(3) 申し込みの　方法について、お客さんから　よく　（　　　　　　）。

(4) テストの　点が　よかったので、父から　（　　　　　　）。

お金	でんわ	そうだん	こたえます	ほめられた	聞かれます

➡ 答えは別冊 p.7

からのいみ・はたらき 7

通過するところを示す

Indicates a place that is passed through
表示经过的地方
Chỉ địa điểm đi qua

人や物が動いてどこかに至るとき、どこを通るかを示します。
（ひと）（もの）（うご）　　　　　　（いた）　　　　　　（とお）　　（しめ）
Indicates where is passed through when a person or object moves and arrives somewhere.
表示人与物移动到某个地方时所经过的地方。
Dùng để chỉ việc đi qua đâu khi người hay vật di động đến một nơi nào đó.

❶ いつも　南門**から**　大学に　入ります。
（みなみもん）　（だいがく）　（はい）

I always enter into my university from the south gate.
我总是从南门进大学。
Lúc nào cũng vào trường từ cổng phía Nam.

❷ この　バスの　場合、後ろの　ドア**から**　乗って、前の　ドア**から**　降ります。

For this bus, you get in using the rear door and get off using the front door.
这个巴士从后门上车，从前门下车。
Xe buýt này lên từ cửa sau và xuống từ cửa trước.

確認ドリル8

つぎの（　　）に　合う　ことばを［　　］から　えらんで　書いて　ください。　※同じ　ことばを　2回　えらぶことは　できません。

(1)（　　　　　　　　）から　太陽の　光が　ふってくる。

(2)（　　　　　　　　）から　にくを　焼く　いい　匂いが　してきた。

(3) うちの　ネコは　いつも　（　　　　　　　　）から　出入りしている。

(4)（　　　　　　　　）から　もう一度　説明して　ください。

| 最初 | 窓 | となりの 家 | 葉と 葉の 間 |
| （さいしょ） | （まど） | （いえ） | （は）（は）（あいだ） |

|---|---|---|---|

➡ 答えは別冊 p.7

からの いみ・はたらき 8

原料(げんりょう)や材料(ざいりょう)などを表(あらわ)す

Expresses materials, ingredients, etc.
表示原料、材料等。
Chỉ nguyên liệu, vật liệu

❶ 家庭(かてい)で　使(つか)われなく　なった　**油(あぶら)から**　車(くるま)の　燃料(ねんりょう)を　作(つく)りました。

I made car fuel from the oil my family was no longer using.
从家里不用的油中制成汽车燃料。
Làm nhiên liệu cho xe ô tô từ dầu ăn bỏ đi tại gia đình.

❷ 人間(にんげん)の　体(からだ)は　200 個以上(こいじょう)の　**骨(ほね)から**　できている。

The human body is made up of over 200 bones.
人体由 200 多块骨头组成。
Cơ thể con người được tạo ra từ hơn 200 cái xương.

ポイント

原料(げんりょう)を表(あらわ)す「から」を使(つか)った場合(ばあい)、完成品(かんせいひん)に原料(げんりょう)そのものは見(み)えません。見(み)えるときは「で」を使(つか)います。

When using「から」to indicate materials, the material cannot be seen in the finished product. When it can,「で」is used.
使用表示原料“から”时，原材料本身在成品中是不可见的。可见的场合用“で”。
Khi dùng「から」với nghĩa nguyên liệu thì không nhìn thấy nguyên liệu từ thành phẩm. Khi nhìn thấy được thì dùng「で」.

くらべて わかる

O この　セーターは、ペットボトル**から**　できている。
X この　セーターは、ペットボトル**で**　できている。
O この　ロケットは、ペットボトル**で**　できている。

確認(かくにん)ドリル 9

｛　｝の　中(なか)の　正(ただ)しい　ほうを　えらんで　○を　書(か)いて　ください。

(1) この　家(いえ)は　すべて　木(き)｛ から ・ で ｝できています。

(2) 日本(にほん)は、大小(だいしょう)の　多(おお)くの　島(しま)｛ から ・ で ｝できています。

(3) この　チーズも、ここの　牛(うし)の　ミルク｛ から ・ で ｝作(つく)られています。

(4) この　店(みせ)の　パンは　すべて　米(こめ)｛ から ・ で ｝作(つく)られています。

➡ 答(こた)えは別冊(べっさつ) p.7

グループ1	名詞などの後に付いて、その語と他の語との関係を表す
格助詞 （かくじょし）	Follows nouns and more to express the relationship between that word and others. ／用在名词之后，表示该词与其他词之间的关系。／Đứng sau danh từ v.v..., chỉ mối quan hệ giữa từ đó với các từ khác.

UNIT 9

～まで

空港**まで**　タクシーで　行った。
（くうこう）　　　　　　　　　　（い）
I went to the airport by taxi. ／坐出租车去机场了。
Đi ra sân bay bằng taxi.

勝てるか　どうか、最後**まで**　心配でした。
（か）　　　　　　　　（さいご）　　（しんぱい）
I was worried until the end whether I could win or not. ／直到最后我都担心能否获胜。
Lo lắng đến cuối không biết có thắng hay không.

までの
いみ・はたらき
1

動作や行為が目的とするところを示す
（どうさ）（こうい）（もくてき）　　　　　（しめ）

Indicates the target place of an action or act.
表示动作或行为的目的
Chỉ nơi là mục đích của động tác, hành vi

動作や行為が目的とする場所や状態を示します。
（どうさ）（こうい）（もくてき）　　（ばしょ）（じょうたい）（しめ）
Indicates the location or state that is the target of an action or act.
表示动作或行为作为目标的场所或状态。
Dùng để chỉ địa điểm hay trạng thái mục đích của động tác, hành vi.

❶ 5階**まで**　家具を　運んだ。
（かい）　　（かぐ）　（はこ）

I carried the furniture to the fifth floor.
我把家具搬到了五楼。
Vận chuyển đồ đạc đến tầng 5.

❷ 東京駅**まで**　バスで　行きます。
（とうきょうえき）　　　　　（い）

I will go to Tokyo Station by bus.
乘坐巴士前往东京站。
Đi xe buýt đến ga Tokyo.

❸ 合格**まで**　頑張ろう！
（ごうかく）　（がんば）

Let's do our best until we pass!
努力吧，直到考上
Cố gắng cho tới khi đỗ!！

確認(かくにん)ドリル１

つぎの（　　）に 合(あ)う ことばを □から えらんで 書(か)いて ください。 ※同(おな)じ ことばを ２回(かい) えらぶことは できません。

⑴ （　　　　　）まで 車(くるま)で お送(おく)りします。

⑵ （　　　　　）まで 飛(と)んでいきたい。

⑶ （　　　　　）まで 一生懸命(いっしょうけんめい) 走(はし)った。

⑷ （　　　　　）まで お湯(ゆ)の 中(なか)に 入(はい)って 体(からだ)を 温(あたた)めた。

首(くび)　　駅(えき)　　ゴール　　月(つき)

➡ 答(こた)えは別冊(べっさつ) p.7

までの いみ・はたらき ２

動作(どうさ)・行為(こうい)・状態(じょうたい)の終(お)わるときを示(しめ)す

Indicates when an action, act, or state will end.
表示动作、行为或状态结束的时间
Chỉ thời điểm kết thúc hành động, hành vi, trạng thái

反復(はんぷく)や継続(けいぞく)を伴(ともな)う動作(どうさ)や行為(こうい)、状態(じょうたい)などが終(お)わるときを示(しめ)します。
Indicates when a repetitive or continuous action, act, state, etc. will end.
表示重复或延续的动作、行为、状态等结束的时间。
Dùng để chỉ thời điểm kết thúc động tác, hành vi, trạng thái lặp lại hay tiếp tục.

❶ ３時(じ)**まで** ここに います。
I will be here until 3.
在这里待到三点。
Tôi ở đây đến 3 giờ.

❷ 月末(げつまつ)**まで** 暑(あつ)い 日(ひ)が 続(つづ)くだろう。
The hot days are likely to continue until the end of the month.
高温天气将持续到月底。
Những ngày nóng vẫn còn kéo dài tới cuối tháng.

確認(かくにん)ドリル２

左(ひだり)の ことばに つづくのは どれですか。a～d から 一(ひと)つ えらびましょう。線(せん)を 書(か)いて ください。

⑴ 次(つぎ)の パンの 焼(や)き上(あ)がりまで ・　　　・a ここは 通(とお)れません。

⑵ 台風(たいふう)の 通過(つうか)まで ・　　　・b 家族(かぞく)は 安心(あんしん)できなかった。

⑶ 道路(どうろ)の 完成(かんせい)まで ・　　　・c ２時間(じかん)、お待(ま)ちください。

⑷ 手術(しゅじゅつ)の 終了(しゅうりょう)まで ・　　　・d 外(そと)に 出(で)ない ほうが いい。

➡ 答(こた)えは別冊(べっさつ) p.7

までの いみ・はたらき 3

範囲の終わりを示す

Indicates the end of a range.
表示范围的终结
Chỉ sự kết thúc của một phạm vi

ある事柄について、時間的・空間的な範囲を表すため、対象とする限界を示します。
ことがら　　　　じかんてき　くうかんてき　はんい　あらわ　　　　たいしょう　　　　げんかい
しめ

Indicates the limit when expressing a range of time or space regarding something.
为了表达关于某一事物的时间、空间范围而表示该对象的界限。
Dùng để chỉ giới hạn phạm vi về không gian thời gian của một sự việc.

❶ コンサート会場は、２階席**まで**　満員だった。
かいじょう　　　かいせき　　　　　まんいん

The concert venue was full up to the second floor.
演唱会会场的二楼都坐满了。
Nhà hát hòa nhạc đã kín khách đến tận tầng 2.

❷ 幼稚園から　大学**まで**　同じ　学校でした。
ようちえん　　だいがく　　おな　　がっこう

I went to the same school from kindergarten to university.
从幼儿园到大学我们都在同一所学校。
Tôi học cùng một trường từ mẫu giáo đến đại học.

確認ドリル３

つぎの（　　）に　合う　ことばを □ から　えらんで　書いてください。　※同じ　ことばを　２回　えらぶことは　できません。

(1) 道が　込んでいて、帰宅まで（　　　　　　）も　かかった。

(2) この　船は、神戸から　沖縄まで（　　　　　　）で　行く。
ふね　こうべ　　おきなわ　　　　　　　　　　　い

(3) この　バスは、乗客を（　　　　　　）まで　乗せることが　できる。

(4) パーティーの　予算は　一人（　　　　　　）までです。

5000円	60人	３日	８時間
えん	にん	みっか	じかん

➡ 答えは別冊 p.7

までのいみ・はたらき 4

程度の強調を表す

Expresses an emphasis of degree.
表示程度的强调
Nhận mạnh mức độ

具体的な数量や例を示して、程度を強調します。

Indicates a specific amount or example and emphasizes its degree.
通过提供具体的数量和例子来强调程度。
Dùng để nhấn mạnh mức độ sau khi đưa ra số lượng hay ví dụ cụ thể.

❶ 雪は　50 センチくらい**まで**　積もった。

There was as much as 50 centimeters of snow piled up.
积雪厚达 50 厘米左右。
Tuyết tích tới khoảng 50cm.

❷ あの　選手は、若者だけでなく、お年寄りに**まで**　人気が　ある。

It's not just the youth, that player is even popular with the elderly.
该选手不仅受到年轻人的欢迎，也受到老年人的欢迎。
Vận động viên đó không chỉ được người trẻ mà tới cả người già cũng yêu mến.

ポイント

「まで」の前に､「まで」の後ろのことばにつながる別の助詞（「に」「へ」「で」など）を入れて、意味を加えることができます。

You can add another postpositional particle (such as「に」,「へ」, or「で」) before「まで」that connects to words after「まで」to add meaning.
使用连接“まで”前后词语的助词(如“に”、“へ”、“で”等)以表示强调。
Có thể thêm trợ từ khác（「に」「へ」「で」など）nối từ trước và sau「まで」để tăng thêm ý nghĩa.

確認ドリル 4

つぎの（　　）に　合う　ことばを □ から　えらんで　書いてください。　※同じ　ことばを　2 回　えらぶことは　できません。

(1) 祭りに　なると、町の　人たちは　（　　　　　）まで　踊り続ける。

(2) この　旅館は　サービスが　よく、（　　　　　）まで　よく　気が　つく。

(3) 病気が　重くなった　祖父は　（　　　　　）まで　飲めなく　なっていた。

(4) いい　写真を　撮るために、（　　　　　）にまで　人が　入って、危なかった。

水	どうろ	こまかい ところ	朝

➡ 答えは別冊 p.7

名詞などの後に付いて、その語と他の語との関係を表す

Follows nouns and more to express the relationship between that word and others. ／用在名词之后，表示该词与其他词之间的关系。／ Đứng sau danh từ v.v..., chỉ mối quan hệ giữa từ đó với các từ khác.

UNIT 10

～より

妹は、私より　背が　高い。
いもうと／わたし／せ／たか

My little sister is taller than me. ／我姐姐比我高。

Em gái tôi cao hơn tôi.

白線より　前に　出ないで　ください。

Please do not go past the white line. ／请不要越过白线。

Không đứng vượt quá trên vạch trắng.

よりの いみ・はたらき 1

くらべたり、選んだりするときの基準を示す
えら／きじゅん／しめ

Indicates a standard used in a comparison or selection.

表示比较和选择时的标准

Diễn đạt tiêu chuẩn khi so sánh, lựa chọn

名詞などに付いて、くらべるときの基準を示す。「A より～」「A より B のほうが」の形で評価を表します。
めいし／つ／きじゅん／しめ
かたち／ひょうか／あらわ

Added to nouns and more to indicate a standard for comparison. The forms「A より～」and「A より B のほうが」are used to express evaluation.

付加名词等，表示比较的标准。以「A より～」「A より B のほうが」的形式表示评价。

Đi kèm với danh từ để diễn tả tiêu chuẩn khi so sánh. Thể hiện sự đánh giá dưới dạng mẫu câu「A より～」「A より B のほうが」.

❶ 北海道は　九州**より**　ずっと　大きい。
ほっかいどう／きゅうしゅう／おお

Hokkaido is much larger than Kyushu.
北海道比九州大得多。
Hokkaido rộng hơn Kyushu rất nhiều.

❷ 日本に　来た時**より**、日本語が　わかる　ように　なった。
にほん／き／とき／にほんご

I now understand Japanese better than I did when I came to Japan.
跟刚从来日本时比，现在能听懂日语了。
Tôi đã hiểu tiếng Nhật hơn hồi mới đến Nhật.

妹は 私より 背が 高い

確認ドリル

つぎの｛　｝の 正しい ほうを えらんで ○を 書いて ください。

(1) 夜、勉強できる

⇒ ①｛ 朝・夜 ｝より ②｛ 朝・夜 ｝の ほうが よく 勉強できる 気が する。

(2) 古い 店の 味が いい

⇒ この①｛ 古い店・新しい店 ｝は きれいでは ないけれど、最近 できた ②｛ 古い店・新しい店 ｝より 味は いい。

(3) 貧乏でも 幸せだ

⇒ ①｛ 友だちが多い貧乏な人・友だちがいない金持ち ｝より
②｛ 友だちが多い貧乏な 人・友だちがいない金持ち ｝の ほうが 幸せだと 思う。

(4) 紅茶が 好き

⇒ 私は①｛ 紅茶・コーヒー ｝の ほうが ②｛ 紅茶・コーヒー ｝より 好きだ。

➡ 答えは別冊 p.7

ポイント1

「より」で比べることができるのは２つのものの場合で、３つ以上を比べるときには使いません。

「より」can only be used to compare 2 items. It cannot be used to compare 3 or more items.
"より"只能用来比较两个事物；比较三个或更多事物时不可用。
Có thể dùng「より」để so sánh 2 vật với nhau, còn từ 3 trở lên thì không dùng được.

くらべて わかる

○ ネコと イヌでは、ネコ**より** イヌの ほうが かわいい。
✕ ネコと イヌと ブタでは、ネコと ブタ**より** イヌの ほうが かわいい。

○ ネコと イヌと ブタでは、イヌが いちばん かわいい。
○ 動物の 中では、イヌが いちばん かわいい。

ポイント2

「[A より～] は…ない」の形で「A がいちばん～だ」という意味を表します。

"A is the most ~" can be expressed in the form「[A より～] は…ない」.

以「[A より～] は…ない」的形式来表达「A 是最好的」的意思。

Mẫu câu「[A より～] は…ない」có nghĩa「A が いちばん～だ」.

くらべて わかる

○ 彼女**より**　親切な　人は　いない。

　＊彼女が いちばん 親切だ。

○ 彼女**より**　親切な　人は　いる。

　＊彼女が いちばんでは ない。もっと 親切な 人が いる。

よりの いみ・はたらき 2　始まりの時間・場所・基準を示す

Indicates a starting time, place, or standard.

表示开始的时间、地点和标准

Chỉ thời gian, địa điểm, tiêu chuẩn bắt đầu.

❶ 首相の　テレビ演説が　午後２時**より**　行われる。

The prime minister's TV speech will begin at 2 PM.

下午 2:00 开始举行总理电视讲话。

Diễn thuyết trên truyền hình của thủ tướng từ 2 giờ chiều.

❷ 白い　ライン**より**　足が　出ると　ファウルだ。

Putting a foot past the white line is a foul.

脚越出白线即为犯规。

Phạm luật nếu chân vượt quá vạch màu trắng.

ポイント1

硬い表現なので、公的なお知らせや事務連絡、情報告知、形式的な挨拶などの書き言葉として使います。

This is a formal expression and is used in writing in public notifications, work-related communication, notifications for information, formal greetings, and so on.

是一种比较正式的书面表达方式，用于官方公告、行政通讯、信息公告、正式问候等的书面用语。

Đây là cách nói khá cứng chỉ dùng trong văn viết như các thông báo chính thức, liên lạc, thông tin hay chào hỏi hình thức.

くらべて わかる

O 4月1日**より** 申し込みを 受け付けます。
O お二人の ご結婚を 心**より** お祝い 申し上げます。

O 特別価格！ Tシャツ 1枚 500円**より**
O 東京駅**より** 歩いて 10分の 便利さ！

ポイント2

比較の「より」と間違えやすいときは「から」を使います。

「から」 is used when it would be easy to mistake it for a comparative「より」.

如果容易与比较的「より」搞错时，用「から」。

Khi dễ bị nhầm với「より」nghĩa so sánh thì dùng「から」.

くらべて わかる

O 田中様**より** いい 話を 聞いた。
⇒〈意味1〉田中様の 話より もっと いい 話を ほかの 人から 聞いた。
⇒〈意味2〉田中様が いい 話を して くれた。

O 田中様**から** いい 話を 聞いた。
⇒田中様が いい 話を して くれた。

ポイント3

手紙やはがきの最後に差出人の名前に添えるのは、「から」ではなく、「より」。

「より」, not「から」is used together with a sender's name at the end of a letter or postcard.

在书信或明信片的最后添加寄信人的名字时，不是用「から」，而是用「より」。

Khi thêm tên người gửi vào cuối thư hay bưu thiếp thì dùng「より」chứ không phải「から」.

くらべて わかる

O 楽しい 旅行を しています。 母**より**
X 楽しい 旅行を しています。 母**から**

グループ2 並列助詞
へいれつじょし

Parallel particle
并列助词
Trợ từ liệt kê

二つ以上のことばを対等な関係で並べる
ふた　　　いじょう　　　　　　　　たいとう　　かんけい　なら

Listing two or more words in an equal relationship
将两个以上的词语对等排列
Hai từ trở lên có mối quan hệ ngang bằng

UNIT 1

～と

ぎゅうにゅうと　パンを　買いました。
　　　　　　　　　　　　　　　　か

I bought milk and bread.
我买了牛奶和面包。
Ví dụ: Tôi mua sữa và bánh mì.

との
いみ・はたらき

同類の物事を複数取り上げて並べて示す
どうるい　ものごと　ふくすう　と　あ　　なら　　しめ

Raising multiple similar items and listing them.
摄取多个同类的事物进行排列。
Đưa ra, liệt kê nhiều sự vật sự việc giống nhau

いくつかの同類のものを一つずつ取り上げて示します。
　　　　　どうるい　　　　ひと　　　　と　あ　　　しめ

Raises a number of similar items one at a time and indicates them.
将几个同类的食物一个一个地列出。
Đưa ra 1 thứ trong vài thứ cùng loại.

ぎゅうにゅう**と** パンを 買いました
　　　　　　　　　　　　　　か

❶ 京都(きょうと)と　奈良(なら)へ 旅行(りょこう)しました。

I went on a vacation to Kyoto and Nara.
我去京都和奈良旅行了。
Tôi đi du lịch Kyoto và Nara.

❷ この　クラスには、ベトナム人(じん)と　中国人(ちゅうごくじん)と　インドネシア人(じん)と　アメリカ人(じん)が　います。

This class has Vietnamese people, Chinese people, Indonesian people, and American people in it.
这个班有越南人、中国人、印度尼西亚人和美国人。
Ở lớp này có người Việt Nam, người Trung Quốc, người Indonesia và người Mĩ.

❸ 日本語(にほんご)を　読(よ)むのと　話(はな)すのと、どっちが　得意(とくい)ですか。

Which are you better at, reading or speaking Japanese?
日语阅读和口语哪个更擅长?
Đọc và nói tiếng Nhật, bạn tốt kĩ năng nào?

ポイント1

同類(どうるい)と考(かんが)えられないものを取(と)り上(あ)げて並(なら)べると、ちょっと不自然(ふしぜん)な文(ぶん)になります。

Raising and listing items that cannot be thought of as similar will result in a somewhat unnatural sentence.
如果把不能认为相似的东西放在一起，句子就会有点不自然。
Liệt kê 2 sự việc sự vật không đồng loại sẽ thành một câu không tự nhiên.

くらべて わかる

O　彼女(かのじょ)は　犬(いぬ)と　パンダが　好(す)きです。
✕　彼女(かのじょ)は　犬(いぬ)と　カレーが　好(す)きです。

ポイント2

「と」を多(おお)く使(つか)いすぎると、文(ぶん)の調子(ちょうし)が悪(わる)くなったり、冗長(じょうちょう)な印象(いんしょう)になったりします。

➡特(とく)に文(ぶん)を書(か)くときは、「、」で切(き)ったり、省略(しょうりゃく)して「など」を使(つか)ったりすることが多(おお)いです。

Using too many「と」will make a sentence feel off or too lengthy.
→ When writing in particular,「、」is used to divide a sentence, or it is omitted and「など」is used instead.
“と”使用过多，句子就会变得无聊或多余。
→在书写时，经常用 "、"来断句，或者用“ など ” 来省略。
Nếu dùng quá nhiều「と」câu sẽ không hay và dài dòng.
→ Đặc biêt khi viết thường dùng dấu 「、」hoặc thường lược bớt rồi thêm 「など」.

くらべて わかる

△スーパーで　肉**と**　卵**と**　野菜**と**　パン**と**　飲み物を　買った。
　＊「と」が　多すぎる
○スーパーで　肉と　卵、野菜、パン、飲み物を　買った。
○スーパーで　肉や　卵などを　買った。

○A：参加者は　5名ですね。誰ですか。
　B：木村さん**と**　田中さん**と**　林さん**と**　大山さん**と**　私です。
　＊すべて 言う 必要が ある ときは OK

確認ドリル

□の　中から　ことばを　えらんで、「と」を　付けて　入れましょう。　※同じ　ことばを　2回　えらぶ　ことは　できません。

(1) 私は　(　　　　　　　)　姉が　います。

(2) 日本語の　(　　　　　　　)　漢字が　苦手です。

(3) 彼は　(　　　　　　　)　バスケットボールが　うまい。

(4) 夕食は、店で（　　　　　　　）　家で　食べるのと、どっちが　いいですか。

(5) (　　　　　　　)　レストランの　間に　ちゅうしゃじょうが　あります。

友だち	ゆうびんきょく	兄	買う	食べる	サッカー	文法

➡ 答えは別冊 p.8

グループ2 並列助詞(へいれつじょし)

二つ(ふた)以上(いじょう)のことばを対等(たいとう)な関係(かんけい)で並(なら)べる

Listing two or more words in an equal relationship ／将两个以上的词语对等排列 ／ Hai từ trở lên có mối quan hệ ngang bằng

UNIT 2

～も

明日(あした)は、午前(ごぜん)も 午後(ごご)も 用事(ようじ)が あります。

I have plans tomorrow in both the morning and afternoon. ／明天上午和下午我都事。
Ngày mai cả sáng cả chiều tôi đều có việc bận.

ぼうしも 手袋(てぶくろ)も まだ 見(み)つかりません。

I still cannot find my hat or my gloves. ／帽子和手套都没找到。
Vẫn chưa tìm thấy cả mũ cả găng tay.

もの いみ・はたらき

同類(どうるい)のものを並(なら)べて、状態(じょうたい)や性質(せいしつ)が同(おな)じだということを表(あらわ)す

Used about items of a similar type to express that their state or nature is the same
排列相似的事物表明它们具有相同的状态或属性
Liệt kê những thứ đồng loại để diễn đạt sự giống nhau về trạng thái và tính chất.

「AもBも（Cも）～」の形(かたち)で、AもBも（Cも）状態(じょうたい)や性質(せいしつ)、事情(じじょう)などが同(おな)じだということを表(あらわ)します。

Takes the form「Aも Bも（Cも）～」to express that A and B (and C) have the same state, nature, circumstances, etc.
用「Aも Bも（Cも）～」的形式表示具有相同的状态、性质、情况等。
Liệt kê sự việc sự vật đồng loại để diễn đạt sự giống nhau về trạng thái, tính chất.
Dạng mẫu câu「Aも Bも（Cも）～」diễn đạt cả A cả B (cả C) cùng trạng thái, tính chất, tình trạng.

ぼうしも 手袋(てぶくろ)も 見(み)つかりません

---

❶ 日本(にほん)に 来(き)たとき、ひらがな**も** カタカナ**も** わかりませんでした。

I did not understand hiragana or katakana when I came to Japan.
刚来日本的时候，平假名片假名都不会。
Khi mới tới Nhật, tôi không đọc được cả Hiragana cả Katakana.

---

❷ 今日(きょう)**も** 明日(あした)**も** あさって**も** いそがしいです。

I am busy today, tomorrow, and the day after tomorrow.
今天、明天、后天我都很忙。
Cả hôm nay, ngày mai, ngày kia tôi đều bận.

❸ スマホが　あれば、メール**も**　買い物**も**　できるし、写真**も**　撮れる。

With a smartphone, I can send e-mails and go shopping, and I can take photos.
有智能手机的话，可以发电子邮件、购物，还可以拍照。
Có điện thoại thông minh thì có thể gửi cả mail, mua sắm và chụp cả ảnh.

ポイント

「AもBも（Cも）～」には、「それ以外のものも含めて」というニュアンスを含む場合が多いです。

「Aも Bも（Cも）～」often carries the nuance of "and including other items."
「Aも Bも（Cも）～」通常表示还"包括其内容"的含义。
Trong mẫu câu「Aも Bも（Cも）」thường bao hàm cả ý「それ以外の ものも 含めて」

くらべて わかる

〇 北海道**も**　沖縄**も**　行きました。＊ほかの 場所にも 旅行したと いう イメージ
〇 北海道**と**　沖縄**へ**　行きました。＊その 2か所に 旅行した

〇 コーヒー**も**　日本茶**も**　あります。＊いろいろ ある イメージ
〇 コーヒー**と**　日本茶**が**　あります。＊二つしか ない イメージ

確認ドリル

｛　　｝の　中の　正しい　ほうを　えらんで　〇を　書いてください。

(1) 彼は　昼①｛ は　・　も ｝ 夜②｛ は　・　も ｝ 働いています。

(2) A：どんな　音楽を　聞きますか。
B：クラシック ｛ が　・　も ｝ 好きです。

(3) 宿題も　終わって、予習 ｛ は　・　も ｝ したから、遊びに　行こう。

➡ 答えは別冊 p.8

グループ2
並列助詞(へいれつじょし)

二つ(ふた)以上(いじょう)のことばを対等(たいとう)な関係(かんけい)で並(なら)べる

Listing two or more words in an equal relationship ／将两个以上的词语对等排列
／ Hai từ trở lên có mối quan hệ ngang bằng

UNIT 3

～や

京都(きょうと)や　奈良(なら)には、有名(ゆうめい)な　お寺(てら)が　たくさん　あります。

There are many famous temples in places like Kyoto and Nara.
像京都奈良这样的地方有很多著名的寺庙。／ Ở Kyoto và Nara có rất nhiều ngôi chùa nổi tiếng.

毎朝(まいあさ)、リンゴや　バナナなどの　くだものを　食(た)べます。

Every morning I eat fruits like apples and bananas. ／每天早上，我都吃苹果和香蕉等水果。
Hàng sáng tôi ăn các loại hoa quả như táo, chuối v.v...

やの いみ・はたらき

話題(わだい)になっているものの中(なか)から代表的(だいひょうてき)な例(れい)を複数示(ふくすうしめ)す

Indicates multiple representative examples out of a topic at hand
表示列举跟主题有关的多个代表性示例。
Đưa ra vài thứ làm ví dụ đại diện từ thứ đang được nhắc đến.

いくつかある対象(たいしょう)の全(すべ)てを示(しめ)すのではなく、その中(なか)から代表的(だいひょうてき)な例(れい)を複数(ふくすう)取(と)り上(あ)げて示(しめ)します。

Used to indicate a number of representative examples from among a target group, rather than indicating everything in the group.
不用列举所有示例，而是展示其中的几个有代表性的。
Đưa ra vài ví dụ đại biểu trong chủ đề đang nói.

本(ほん)**や** ノートが あります

❶ 机の　上に　本**や**　ノートが　あります。

There are things like books and notebooks on top of the desk.
桌子上有书和笔记什么的。
Trên bàn có sách, vở v.v...

---

❷ A：クラスの　誰と　仲が　いいですか。
B：ヤンさん**や**　キムさんです。

A: Who are you friends with in class?
B: People like Yan-san and Kim-san.
A：你跟班上谁关系好?
B：ヤンさん啦キムさん等
A: Ở lớp cậu chơi thân với ai?
B: Với Yan, Kim v.v...

---

❸ スーパーで　肉**や**　野菜**や**　果物を　買いました。

I bought things like meat, vegetables, and fruit at the supermarket.
我在超市买了肉、蔬菜、水果等。
Mua thịt, rau, hoa quả v.v… ở siêu thị.

ポイント1

「AやB」のA、Bは代表的な例です。また、一番重要なもの、目立つものがAで、B、C……と、それに続きます。

A and B in「AやB」are representative examples. A may also be the most important or noticeable example, with B, C, and so on following.
“A や B”中的 A 和 B 是典型的例子。此外，最重要或最引人注目的是 A，其次是 B、C 等。
Trong「Aや B」thì A, B là ví dụ đại diện. Hoặc, quan trọng nhất, nổi bật nhất là A, sau đó là B, c v.v…

くらべて わかる

○ 私の　部屋には　ベッド**や**　テーブルが　あります。
△ 私の　部屋には　本**や**　DVDが　あります。
＊それ 以上に 大きい ものが ない？

○ パーティーでは　社長**や**　課長が　あいさつした。
△ パーティーでは　課長**や**　社長が　あいさつした。
＊課長の ほうが 重要？

ポイント2

「AとB」が対象の全てを取り上げるのに対して、「AやB」はそれ以外にもあることを示します。

While「Aと B」describes the entirety of a target,「Aや B」indicates that there are other options as well.
虽然“A 和 B”涵盖了所有对象，但还包括“A 和 B”以外的其他对象。
「Aと B」là đưa ra tất cả sự vật muốn nói tới, còn「AやB」mang ý nghĩa còn những thứ khác ngoài A và B.

くらべて わかる

O 日本語学校では　文法**や**　会話を　勉強しています。
　＊それ 以外も 勉強している
O 日本語学校では　文法**と**　会話を　勉強しています。
　＊その 二つだけを 勉強している

ポイント3

代表例を二つだけ示す場合は、「ほかにもいくつかあること」を「など」で表します。

When indicating just two representative examples,「など」is used to "there are a number of others as well."
如果只想给出两个有代表性的例子的话，用“等等”来表示“还有其他的。”
Khi chỉ muốn đưa ra 2 ví dụ đại diện thì dùng「など」để thể hiện ý「ほかにもいくつかあること」.

確認ドリル

｛　　｝の　中の　正しい　ほうを　えらんで　○を　書いて　ください。

(1) 日本料理は、すし｛ と・や ｝天ぷらが　有名です。

(2) 私は　３人家族です。父①｛ と・や ｝　母②｛ と・や ｝　私です。

(3) 日本語｛ と・や ｝　英語では、どちらが　難しいですか。

(4) 南アメリカには　ブラジル①｛ と・や ｝　アルゼンチン②｛ と・や ｝　チリが　あります。

➡ 答えは別冊 p.8

二つ(ふた)以上(いじょう)のことばを対等(たいとう)な関係(かんけい)で並(なら)べる
Listing two or more words in an equal relationship／将两个以上的词语对等排列
／Hai từ trở lên có mối quan hệ ngang bằng

UNIT 4

～し

軽(かる)いし、じょうぶだし、この　かばんが　いい。

This bag is good, it's light and it's sturdy.／又轻又结实，这个包很好。
Vừa nhẹ, vừa chắc chắn nên tôi thích cái cặp này.

お金(かね)も　ないし、今日(きょう)は　もう　帰(かえ)ろう。

We don't have any money, let's go home for today.／又没钱，今天就回去吧。
Hết tiền rồi nên hôm nay về thôi.

しの いみ・はたらき

同(おな)じような評価(ひょうか)を付(つ)け加(くわ)えていく

Adds similar kinds of evaluations
添加类似评论
Thêm vào đánh giá tương tự

プラス評価(ひょうか)とプラス評価(ひょうか)、マイナス評価(ひょうか)とマイナス評価(ひょうか)のように、同(おな)じような評価(ひょうか)を付(つ)け加(くわ)えて述(の)べます。

Adds and describes similar kinds of evaluations, such as positive to positive, or negative to negative.
添加并陈述相似的评价，例如正面评价与正面评价、负面评价与负面评价。
Dùng khi muốn thêm vào đánh giá tương tự giống như đánh giá tốt và đánh giá tốt, đánh giá xấu và đánh giá xấu.

掃除(そうじ)も　した**し**、洗濯(せんたく)も　終(お)わった

❶ 安(やす)い**し**、おいしい**し**、この　店(みせ)が　一番(いちばん)だ。

This store is the best, it's cheap and it's delicious.
便宜，好吃，这家餐厅是最好的。
Vừa rẻ, vừa ngon nên cửa hàng này là nhất.

❷ この　部屋(へや)は、せまい**し**、古(ふる)い**し**、駅(えき)からも　遠(とお)い。

This room is cramped, old, and far from the station.
这个房间又小又旧，离车站又远。
Phòng này vừa chật, vừa cũ lại xa ga.

❸ 彼女(かのじょ)は　歌(うた)も　上手(じょうず)だ**し**、ピアノも　弾(ひ)ける。

She's a good singer, and she can play the piano.
她歌唱得好，还会弹钢琴。
Cô ấy vừa hát hay lại vừa chơi được piano.

❹ 掃除(そうじ)も　した**し**、洗濯(せんたく)も　終(お)わった。

I cleaned up, and I finished doing laundry.
房间也打扫完了，衣服也洗了。
Dọn dẹp xong rồi, giặt giũ cũng đã xong.

❺ 天気(てんき)も　いい**し**、どこかに　出(で)かけたいな。

The weather is nice, so I want to go somewhere.
天气又这么好好，真想去哪儿走走。
Thời tiết cũng đẹp nên muốn đi đâu đó nhỉ.

よく 使(つか)う 助詞(じょし)

「A**も**～**し**、B**も**……」のように、「**も**」と一緒(いっしょ)に使(つか)うことが多(おお)いです。

「も」is also used with this, such as in「Aも～し、Bも……」.
经常与“も”并用，如“A も ...，B も ...”。
]Thường dùng cùng với「も」như mẫu câu「Aも～し、Bも……」.

くらべて わかる

O この　店(みせ)は　味(あじ)**も**　いい**し**、量(りょう)**も**　多(おお)い。
X この　店(みせ)は　味(あじ)**は**　いい**し**、量(りょう)**は**　多(おお)い。

ポイント1

話(はな)し手(て)の評価(ひょうか)（いい／悪(わる)いなど）を含(ふく)んだ表現(ひょうげん)になります。単(たん)に客観的(きゃっかんてき)な事実(じじつ)を述(の)べる場合(ばあい)には使(つか)えません。

This is an expression that includes the speaker's evaluation (good, bad, etc.). It cannot be used when describing simple objective fact.
表示说话者本人的评价（好 / 坏等）。不能用来陈述客观事实。
Là cách nói bao hàm đánh giá của người nói (đánh giá tốt, xấu). Không dùng khi chỉ muốn nói về một sự thực khách quan.

くらべて わかる

O この　木(き)は　花(はな)も　きれいだ**し**、実(み)も　おいしいです。
X この　木(き)は　花(はな)も　白(しろ)い**し**、実(み)も　赤(あか)いです。
＊ふつうは「白(しろ)い」「赤(あか)い」には 評価(ひょうか)は 含(ふく)まれない。

ポイント2

「～し～し、…だ」のように「～し」を２つ重ねて使うのが基本形ですが、「～し、…だ」と、１つの場合も多いです。３つ以上使うこともあります。

While two「～し」are used in the basic form, such as in「～し～し、…だ」, only one is often used as well, such as in「～し、…だ」. Three or more may also be used.

通常如「～し ～し、…だ」这样，将两个「～し」重复使用。但多用「～し、…だ」这样只用一次的时候。有时也用三个以上。

Mẫu câu cơ bản là dùng「～し」2 lần giống như mẫu câu「～し～し、…だ」nhưng cũng hay gặp trường hợp「～し、…だ」và cũng có khi dùng trên 3 lần.

ポイント3

評価が１つだけの表現もあり（→例文❺）、その場合も「ほかにもプラス評価（またはマイナス評価）がある」という意味を含んでいます。

There are expressions where only one evaluation is made (see example sentence ❺), and in these cases, the sentence carries the meaning "there are other positive evaluations (or negative evaluations) as well."

也有只有一个评价的表达方式(→例句❺)，这种情况包含“还有其他正面评价(或负面评价)”的意思。

Có cả cách nói chỉ có 1 đánh giá bao hàm nghĩa (ví dụ ❺ , còn có đánh giá tốt (hoặc đánh giá xấu) khác).

ポイント4

文の結論を述べるときに使われます。

This is used when describing the conclusion of a sentence.

用于陈述句子的结论。

Được dùng khi nói kết luận câu.

くらべて わかる

O 彼は　やさしい**し**、おもしろい。

＊「やさしい、おもしろい」は事実であり、文の結論。

X やさしい**し**、おもしろい人が好きです。

＊「やさしい、おもしろい」は 条件で あり、結論では ない。

X 彼はやさしい**し**おもしろいですか。

＊「やさしい、おもしろい」は 質問内容で あり、結論では ない。

確認ドリル1

｛　｝の　中の　正しい　ほうを　えらんで　○を　書いて　ください。

⑴ お金も　あるし、時間｛ は ・ も ｝ある。

⑵ この　かばんは｛ 軽い ・ 黒い ｝し、じょうぶです。

⑶ 祖父は　80歳だが、｛ 元気 ・ 元気だ ｝し、目も　耳も　いい。

⑷ この　アルバイトは　時給も　いいし、｛ 楽だ ・ 大変だ ｝。

⑸ ｛ 安くて おいしい ・ 安いし おいしい ｝店、知りませんか。

➡ 答えは別冊 p.8

確認ドリル2

□の　中から　ことばを　えらんで、形を　変えて、「し」を　付けて　入れましょう。

※同じ　ことばを　2回　えらぶ　ことは　できません。

⑴ 彼は　頭も（　　　　　　）、スポーツも　得意だ。

⑵ この　公園は（　　　　　　）、静かなので、よく　来る。

⑶ 昨日は（　　　　　　）、風も　強かったです。

⑷ 先生にも（　　　　　　）、自分でも　調べたけれど、わからなかった。

⑸ 彼の　お父さんは（　　　　　　）、お母さんは　歌手だし、すごいね。

きれいです	いいです	画家です	寒いです	聞きます

➡ 答えは別冊 p.8

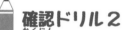

UNIT 5

～たり

昨日は、友だちと　映画を　見たり、買い物を　したり　しました。
（きのう）　　　（とも）　　（えいが）　　（み）

Yesterday I went with my friend to do things like see a movie and go shopping
昨天，我和朋友一起看了电影买了东西。
Hôm qua tôi xem phim, mua sắm với bạn

最近は　天気が　よく　変わり、暑かったり　寒かったりする。
（さいきん）　（てんき）　　　　（か）

The weather has been changing a lot lately, like getting hot and cold.
最近天气变化很大，时而炎热，时而寒冷。
Dạo này thời tiết dễ thay đổi, lúc nóng lúc lạnh.

たりの いみ・はたらき 1

いくつかの動作から、代表的な動作を取り上げて示す
（どうさ）　　　（だいひょうてき）　（どうさ）　（と　あ）　（しめ）

Picks out representative actions out of many and indicates them
从多个动作中选择几个代表性动作。
Đưa ra những việc tiêu biểu từ nhiều việc

複数の動作を全て並べるのではなく、「Aたり Bたりする」の形で、代表的な動作を例として取り上げます。一つしか取り上げない形で表現することもあります。
（ふくすう）（どうさ）（すべ）（なら）　　　　　　　　　　　　　　　（かたち）　　（だいひょう）
（てき）（どうさ）（れい）　　（と　あ）　　（ひと）　　（と　あ）　（かたち）（ひょうげん）

Rather than listing every action when there are many, the form「Aたり Bたり する」is used to pick out the representative actions as examples. There are times when the expression is used to pick out only one item
不能列出所有的动作行为，而是以「AたりBたりする」这样的形式将典型的行为作为示例。有时只提及一个。
Không liệt kê ra tất cả các hành động mà dùng cách nói「Aたり Bたりする」để đưa ra ví dụ hành động đại diện. Cũng có cách nói chỉ đưa ra 1 ví dụ.

歌っ**たり** 踊っ**たり** する

❶ わからない　言葉(ことば)は、先生(せんせい)に　聞(き)い**たり**　インターネットで　しらべ**たり**　します。

I do things like ask my teachers or search on the internet when there are words I don't know.
不明白的单词，问老师或在互联网上查找。
Khi có từ không hiểu, tôi hỏi thay hoặc tra trên internet.

❷ テスト中(ちゅう)は、話(はな)し**たり**　スマホを　見(み)**たり**しては　いけません。

You cannot do things like talk or use your smartphone during the test.
考试时请勿说话或看手机。
Trong giờ kiểm tra không được nói chuyện hay xem điện thoại.

❸ 休(やす)みの日(ひ)は、出(で)かけないで、家(いえ)で　本(ほん)を　読(よ)ん**だり**しています。

On days off, instead of going out, I do things at home like read books.
休息日，我不出去，在家看书什么的。
Ngày nghỉ tôi không đi chơi mà ở nhà đọc sách.

❗「Aたり Bたりする」の「する」を忘(わす)れないようにしてください。

Be sure not to forget the「する」in「Aたり Bたりする」.
请不要忘记「Aたり Bたりする」中的「する」。
Chú ý không quên「する」trong câu「Aたり Bたりする」.

くらべて わかる

○ 子(こ)どものときから、歌(うた)っ**たり**　踊(おど)っ**たり**するのが　好(す)きです。
△ 子(こ)どものときから、歌(うた)っ**たり**　踊(おど)っ**たり**が　好(す)きです。

確認(かくにん)ドリル 1

□の　中(なか)から　ことばを　えらんで、「たり」を　付(つ)けて、正(ただ)しい　形(かたち)に　して　入(い)れましょう。
※同(おな)じ　ことばを　2回(かい)　えらぶ　ことは　できません。

(1) 授業中(じゅぎょうちゅう)は、ものを　食(た)べたり（　　　　　　　）しては　いけません。

(2) 京都(きょうと)へ　行(い)って、お寺(てら)を　見(み)たり、おみやげを（　　　　　　　）したいです。

(3) コンビニで、コピーを　したり、電話代(でんわだい)を（　　　　　　　）することができます。

(4) 電車(でんしゃ)の　中(なか)で、いつも　メールを　見(み)たり、音楽(おんがく)を（　　　　　　　）しています。

(5) 週末(しゅうまつ)は、そうじを　したり、せんたくを（　　　　　　　）しなければなりません。

飲(の)みます	聞(き)きます	買(か)います	します	払(はら)います

➡ 答(こた)えは別冊(べっさつ) p.8

たりの いみ・はたらき 2

対照的な動作が繰り返されることを表す

たいしょうてき　どうさ　く　かえ　あらわ

Expresses that opposing actions are repeated
表示重复的对比动作
Diễn đạt động tác lặp đi lặp lại

「AたりBたりする」の形で、AとBが繰り返されている様子を述べます。AとBの組み合わせや順番が決まっているものもあります。
く　あ　　　じゅんばん　き

The form「Aたり Bたりする」explains that A and B repeat. There are times when a certain combination or order of A and B is always used.
以「Aたり Bたりする」的形式描述 A 和 B 重复状态。在某些情况下，A 和 B 的组合或顺序是固定的。
Mẫu câu「Aたり Bたりする」để nói về A và B lặp đi lặp lại. Có quy định về kết hợp cũng như trình tự của A và B.

❶ 朝から　雨が　降っ**たり**　やん**だり**　しています。

It has been raining and stopping from the morning.
从今天早上开始，雨一直下下停停。
Từ sáng cứ mưa lại tạnh mưa lại tạnh.

❷ 何度も　ドアを　開け**たり**　閉め**たり**　しないで　ください。

Please do not repeatedly open and close the door.
请不要反复开关门。
Đừng cứ mở ra đóng vào cửa nhiều lần như thế.

❸ 父の　手術の　間、心配で、病院の　廊下を　行っ**たり**　来**たり**　していました。
ちち　しゅじゅつ　あいだ　しんぱい　びょういん　ろうか

I was worried during my father's surgery, and I went up and down the hospital's halls.
父亲做手术的时候，我很担心，在医院的走廊里走来走去。
Trong lúc bố phẫu thuật, tôi lo lắng đi đi lại lại ở hành lang bệnh viện.

よく使う表現

- O 泣いたり笑ったり　／　O 笑ったり泣いたり
- O 食べたり飲んだり　／　O 飲んだり食べたり
- O 立ったり座ったり　／　O 座ったり立ったり
- O 売ったり買ったり　／　O 買ったり売ったり
- O 見たり聞いたり　／　O 聞いたり見たり
- O 行ったり来たり　／　✕ 来たり行ったり
- O 開けたり閉めたり　／　✕ 閉めたり開けたり
- O 雨が降ったりやんだり　／　✕ 雨がやんだり降ったり

確認ドリル２

□の　中から　ことばを　えらんで、「たり」を　付けて、正しい　形に　して　入れましょう。
※同じ　ことばを　２回　えらぶ　ことは　できません。

(1) 漢字は　何度も　読んだり（　　　　　　　）して　おぼえましょう。

(2) ここで　見たり（　　　　　　　）した　ことは、誰にも　話さないでください。

(3) 彼女は、映画を　見ながら、笑ったり（　　　　　　　）していた。

(4) 使わなくなった　ものを　インターネットで　売ったり（　　　　　　　）しています。

(5) みんなで　歌ったり（　　　　　　　）しながら、楽しい　時間を過ごしました。

買います	おどります	聞きます	書きます	泣きます

➡ 答えは別冊 p.8

たりの いみ・はたらき ３

Aの場合もあればBの場合もあることを表す

Expresses that A may happen, and that B may happen too
表示有 A 情况也有 B 情况。
Diễn đạt có lúc thì A, có lúc thì B

「AたりBたりする」の形で、Aの場合もあれば、Bの場合もあることを表します。AとBが反対の意味の場合が多いです。

The form「Aたり Bたりする」is used to express that while A may happen, B may happen as well. A and B often have opposite meanings.
以「Aたり Bたりする」的形式表示有 A 的情况，也有 B 的情况。 A 和 B 通常具有相反的含义。
Mẫu câu「Aたり Bたりする」có nghĩa có lúc A, có lúc B. A và B thường mang ý nghĩa trái ngược nhau.

❶ 朝ご飯は　食べ**たり**　食べなかっ**たり**　します。

I may or may not eat breakfast.
有时吃早餐，有时不吃。
Cơm sáng lúc ăn lúc không.

❷ 彼女は、日によって　機嫌が　よかっ**たり**　悪かっ**たり**　する。

Depending on the day, her mood may be good or bad.
她的心情根据当天的情况有时好，有时坏。
Cô ấy hôm thì vui, hôm thì khó chịu.

□～に よって：～で 変わる ようす。

③ いつも　駅まで　歩いて　行きますが、ときどき、バスで　行っ**たり**　自転車で　行っ**たり**　します。

I always walk to the station, but I sometimes go by bus or bicycle.
我通常步行去车站，但有时也乘公共汽车或骑自行车去。
Tôi thường đi bộ ra ga nhưng đôi khi có lúc đi bằng bus, có lúc đi xe đạp.

❗ この用法では、動詞だけではなく、い形容詞やな形容詞、名詞も使えます。
This usage applies not just to verbs, but also i-adjective, na-adjectives, and nouns.
这种用法，不仅限于动词，还可以使用い形容词或な形容词、还有名词。
Cách dùng này không chỉ dùng với động từ mà còn có thể dùng với tính từ đuôi な、tính từ đuôi い.

くらべて わかる

○ 最近、寒かっ**たり**　暑かっ**たり**　するので、体の　調子が　おかしく　なる。
○ この　仕事は、きせつに　よって、忙しかっ**たり**　ひまだっ**たり**　する。
○ この　店は、休みが　月曜日だっ**たり**　火曜日だっ**たり**　する。いつが　休みなんだろう。
○ 日に　よって、よく　眠れ**たり**、あまり　眠れなかっ**たり**　します。

確認ドリル 3

□の　中から　ことばを　えらんで、「たり」を　付けて、正しい　形に　して　入れましょう。
※同じ　ことばを　2回　えらぶ　ことは　できません。

(1) そのころは、学校が　いやだったので、行ったり（　　　　　　　　）していた。

(2) 晩ご飯は、自分で　作ったり、コンビニの　弁当を（　　　　　　　　）しています。

(3) 私が　料理を　すると、からすぎたり（　　　　　　　　）します。

(4) 先輩は　日に　よって、冷たかったり、（　　　　　　　　）する。今日は　どっちだろう。

(5) 私たちの　力は　同じくらいなので、勝ったり（　　　　　　　　）しています。

まけます	買います	行きます	しんせつです	あまいです

➡ 答えは別冊 p.8

グループ3
副助詞
Adverbial particle
副助词
Phó trợ từ

さまざまなことばに付いて、副詞のような働きをする
Attached to various words to work like adverbs
与各种单词相连时充当副词
Có chức năng như phó từ, đi kèm được với nhiều từ loại.

UNIT 1

～は

これは　日本の　おかしです。
This is a Japanese treat. ／这是日本的点心。
Đây là bánh kẹo của Nhật Bản.

今日は　天気が　いいです。
The weather is nice today. ／今天天气很好。
Hôm nay thời tiết đẹp.

はの いみ・はたらき 1

ある話題について質問をしたり、説明したりする
Gives a question or explanation about a topic
对主题提出问题或解释
Hỏi hoặc giải thích về một vấn đề.

聞きたいことを「は」のあとにおきます。
What you want to ask comes after「は」.
将想问的问题放在"は"的后面。
Đặt「は」sau điều muốn hỏi.

私は 医者です

❶ A：すみません。トイレは　どこですか。
B：(トイレは)　２かいです。

A: Excuse me, where is the toilet?
B: (The toilet is) on the second floor.
A: 抱歉。洗手间在哪里。　B: (厕所)在二楼
A: Xin lỗi nhà vệ sinh ở đâu ạ?
B: (Nhà vệ sinh) ở tầng 2.

❷ A：「禁煙」は　どんな　意味ですか。
B：(「禁煙」は)　たばこを　すっては　いけないと　いう　意味です。

A: What does「禁煙」mean?
B: (「禁煙」means) that you can't smoke cigarettes.
A: "禁煙"是什么意思?
B: ("禁煙")是指你不能吸烟。
A:「禁煙」có nghĩa là gì?
B: (「禁煙」) nghĩa là không được hút thuốc.

❸ A：あの人は　だれですか。
B：(あの人は)　田中さんです。

A: Who is that person?
B: (That person is) Tanaka-san.
A: 那个人是谁?　B: (那个人)是田中先生。
A: Người kia là ai?　B: (Người kia) là anh Tanaka.

※(　　)は 省くことが できます。(　) can be omitted. ／ (　) 可以省略。／ Trong (　) là có thể lược bớt.

確認(かくにん)ドリル 1

ひだりの　しつもんの　答(こた)えは　どれですか。a～b から　一(ひと)つ　えらんで、せんを　書(か)いて　ください。

(1) アンさんの　かばんは　どれですか。　・　　・a ベトナムです。

(2) これは　なんですか。　・　　・b これです。

(3) お国(くに)は　どちらですか。　・　　・c 日本(にほん)の　おかしです。

(4) 夏休(なつやす)みは　今週(こんしゅう)までですか。　・　　・d いいえ、来週(らいしゅう)までです。

➡ 答(こた)えは別冊(べっさつ) p.9

はの いみ・はたらき 2

主題(しゅだい)を表(あらわ)す

Expresses a subject
表示主题
Dùng cho chủ đề

「は」の前(まえ)に話(はなし)のテーマ（主題(しゅだい)）をおきます。

The theme (subject) of the conversation comes before「は」.
将说话的主题放在“は”之前。
Chủ đề của câu chuyện được đặt trước「は」.

❶ 昼(ぐry)ごはん**は**　ラーメンが　いいです。

I would like ramen for lunch.
午饭吃拉面 (拉面可以)
Tôi muốn ramen cho bữa trưa hôm nay.

❷ しゅみ**は**　本(ほん)を　読(よ)むことです。

My interest is reading books.
兴趣是看书。
Sở thích là đọc sách.

❸ 明日(あした)**は**　雨(あめ)が　ふるそうです。

It seems like it will rain tomorrow.
听说明天下雨。
Nghe nói ngày mai trời mưa.

確認(かくにん)ドリル 2

左(ひだり)の　ことばに　つづくのは　どれですか。a～d から　一(ひと)つ　えらびましょう。線(せん)を　書(か)いて　ください。

(1) 銀行(ぎんこう)は　・　　・a 母(はは)が　くれました。

(2) 休(やす)みの　日(ひ)は　・　　・b せんたくを　したり、そうじを　したりします。

(3) この　めがねは　・　　・c 車(くるま)を　2台(だい)　持(も)っています。

(4) 山田(やまだ)さんは　・　　・d ゆうびんきょくの　となりです。

➡ 答(こた)えは別冊(べっさつ) p.9

はの いみ・はたらき 3

だれでもわかっていることを示す

Indicates something that everybody knows
表示谁都知道的事情
Diễn đạt việc ai cũng biết

どんなものか、だれでも知っていることを述べるときに使います。

Used when discussing something that anybody would know.
表示谁都知道是什么。
Dùng khi nói về việc mà ai cũng biết là gì.

❶ 海**は**　広い。

The ocean is big.
大海很辽阔。
Biển rộng

❷ 東京**は**　日本の　首都です。

Tokyo is Japan's capital.
东京是日本的首都。
Tokyo là thủ đô của Nhật Bản.

❸ 図書館**は**　本を　借りる　ところです。

Libraries are where you borrow books.
图书馆是借阅书籍的地方。
Thư viện là nơi mượn sách.

確認ドリル 3　左の　ことばに　つづくのは　どれですか。a～d から　一つ　えらびましょう。線を　書いて　ください。

(1) ゾウは　・　　・a はなが　長い。

(2) オリンピックは　・　　・b 60分です。

(3) 雪は　・　　・c 白くて　つめたい。

(4) 1時間は　・　　・d 4年に　1回　あります。

➡ 答えは別冊 p.9

グループ3

は

も

だけ

しか

なら

はのいみ・はたらき 4

自分の判断や評価を表す
じ ぶん はん だん ひょう か あらわ

Expresses your decision or evaluation
表达自己的判断或评价
Diễn đạt quyết định hay đánh giá của bản thân

ある話題について、自分がどう感じたか、どう思ったかを表します。
わ だい じ ぶん かん おも あらわ

Used to express how you felt or thought about something.
表达对某个主题的感受或想法。
Dùng để nói về điều mình cảm thấy thế nào, nghĩ như thế nào.

❶ 日本語の　勉強**は**　むずかしいですが、おもしろいです。
に ほん ご べんきょう
Studying Japanese is difficult, but it is fun.
学习日语很困难，但是很有趣。
Học tiếng Nhật khó nhưng hay.

❷ きのうの　テスト**は**　かんたんだった。
Yesterday's test was easy.
昨天的考试很容易。
Bài kiểm tra hôm qua dễ.

❸ 田中先生**は**　とても　きびしい　先生です。
た なかせんせい せんせい

Tanaka-sensei is a very strict teacher.
田中老师是一位非常严格的老师。
Thầy Tanaka là thầy giáo rất nghiêm khắc.

確認ドリル 4

左の　ことばに　つづくのは　どれですか。a～dから　一つ　えらびましょう。線を　書いて　ください。
かくにん ひだり ひと

(1) アンさんは　・　　・a　つまらないから、見ない　ほうが　いい。
(2) 日本の　せいかつは　・　　・b　暗いですね。電気を　つけましょう。
に ほん くら てん き

(3) あの　映画は　・　　・c　いそがしいですが、楽しいです。
(4) この　部屋は　・　　・d　きれいで　やさしい人です。

➡ 答えは別冊 p.9

はの いみ・はたらき 5

前(まえ)に出(で)た話題(わだい)をもう一度(いちど)出(だ)す

Brings up a previous topic once more
再次提起之前提到的话题
Nhắc lại chủ đề trước

一度出(いちどで)ている話題(わだい)をもう一度(いちど)出(だ)すときに使(つか)います。
Used to bring up a topic that has come up before one more time.
用于已经提到过的话题再次提出时
Dùng khi muốn đưa ra chủ đề đã nói 1 lần nữa.

❶ あれ？　スマホが　ない。
スマホ**は**　どこ？

Hm? My smartphone is gone. Where is my smartphone?
啊？手机不见了。手机在哪儿？
Ủa? Không thấy điện thoại đâu cả. Điện thoại đâu rồi?

❷ 京都(きょうと)に　そぼが　います。
そぼ**は**　今年(ことし)　90 さいに　なります。

My grandmother is in Kyoto. My grandmother will turn 90 years old.
祖母在京都，祖母今年 90 岁。
Bà tôi ở Kyoto. Bà tôi năm nay 90 tuổi.

❸ 先週(せんしゅう)、北海道(ほっかいどう)に　行(い)きました。
北海道(ほっかいどう)**は**　きれいな　町(まち)でした。

I went to Hokkaido last week. Hokkaido was a pretty town.
上周，我去了北海道。北海道是一个美丽的地方。
Tuần trước, tôi đã đi đến Hokkaido. Hokkaido là thành phố đẹp.

はの いみ・はたらき 6

2つのことを比(くら)べて表(あらわ)す

Compares and expresses two things
表示对两件事进行比较
So sánh hai sự việc, sự vật.

「Aは～が、Bは～」「Aは～て（で）、Bは～」のように、2つのことを比(くら)べて意見(いけん)を述(の)べたり説明(せつめい)したりします。
Used to compare two things in forms like「Aは～が、Bは～」or「Aは～て(で)、Bは～」and gives an opinion or explanation about them.
通过「Aは～が、Bは～」「Aは～て(で)、Bは～」这样的形式将两件事情进行比较，对其阐述意见或说明。
So sánh 2 sự việc, sự vật để đưa ra ý kiến hoặc giải thích, như mẫu câu「Aは～が、Bは～」「Aは～て(で)、Bは～」.

❶ 漢字(かんじ)を　読(よ)むこと**は**　できるが、
書(か)く　こと**は**　できない。

While I can read kanji, I cannot write them.
我能读汉字，但不会写汉字。
Tôi có thể đọc chữ Hán nhưng không thể viết.

❷ 朝(あさ)ご飯(はん)**は**　パンに　して、昼(ひる)ご飯(はん)**は**
ラーメンに　しよう。

Let's have bread for breakfast and ramen for lunch.
早餐吃面包，午餐吃拉面。
Bữa sáng ăn bánh mì còn bữa trưa ăn mỳ ramen.

❸ 彼(かれ)**は**　よく　学校(がっこう)を　休(やす)むが、彼女(かのじょ)**は**
一度(いちど)も　休(やす)んだ　ことが　ない。

He often takes off from school, but she has never missed school before.
他经常休学，但她一次都没有休息过。
Anh ấy hay nghỉ học còn cô ấy chưa từng nghỉ lần nào.

確認ドリル5

［　］の 中から （　）に はいる ことばを えらんで、書きましょう。 ※同じ ことばを 2回 えらぶことは できません。

(1) きょねんまでは 大阪に 住んでいました。
（　　　）は 東京に 住んでいます。

(2) 姉は 働いているけれども、（　　　）は まだ 働いていない。

(3) きゅうりょうは 安いですが、（　　　）は 楽しいです。

(4) 犬は 好きですが、（　　　）は 好きじゃありません。

仕事	今	ねこ	弟

➡ 答えは別冊 p.9

はの いみ・はたらき 7　いちばん程度が低い数や量を表す

Expresses the lowest number or amount of all
表示程度最低的数字或数量
Diễn tả số lượng ít nhất

「一番少なくても〜」という意味で使います。 ただし、「Nは〜ない」のように、「は」の あとに 否定形「ない（ません）」を おくときは、「Nよりも 多くない」という 意味に なります。

Used to mean "at the very least, ~." However, if the negative form「ない(ません)」comes after「は」, such as in「Nは〜ない」, it means "not more than N."

作为「至少」的意思来使用。 但是「Nは〜ない」中的「は」的后面用否定式「ない(ません)」时，有「并不比 N 多」的意思。

Dùng với ý nghĩa「一番 少なくても〜」. Tuy nhiên, giống như mẫu câu「Nは〜ない」, khi đặt dạng phủ định「ない(ません)」sau「は」thì có nghĩa「Nよりも 多くない」.

❶ 本が 好きで １カ月に １さつ**は** 読む。
I like books and read at least one a month.
我喜欢看书，每个月至少看一本书。
Tôi thích sách, 1 tháng phải đọc 1 quyển.

❷ 体の ために、６時間**は** 寝る ように しています。
I make sure to sleep at least 6 hours for my body's sake.
为了身体健康，保证睡眠时间至少 6 小时。
Vì sức khỏe nên tôi cố gắng ngủ 6 tiếng.

❸ ここから 駅まで １０分**は** かからない。
It won't take more than 10 minutes from here to the station.
从这里到车站不会超过 10 分钟。
Từ đây tới ga không mất tới 10 phút.

確認ドリル6 ｛　　｝の ことばは どちらが いいですか。正しい ほうを えらびましょう。

(1) テストは むずかしかったけれども、｛ 60てん ・ 100てん ｝は 取れるだろう。

(2) 死ぬまでに 一度は パリに ｛ 行きたい ・ 行きたくない ｝。

(3) 歩いたら、1時間は ｛ かかります ・ かかりません ｝。タクシーで 行きましょう。

➡ 答えは別冊 p.9

はのいみ・はたらき 8　主節の主語を表す
しゅせつ　しゅご　あらわ

Expresses the subject of the main clause
表示主句的主语
Dùng cho chủ ngữ chính của câu

複文の中で、「〜は」は 文の一番後ろにある述語につながります。
ふくぶん なか　　　　　　　　ぶん いちばんうし　　　　じゅつご
In a complex sentence,「〜は」is used to connect to the predicate at the end of the sentence.
在复合句中，“〜は”连接句末的谓语。
Trong 1 câu phức thì「〜は」liên quan tới vị ngữ đứng cuối cùng của câu.

❶ ここ**は** ［母が いつも 買い物を する］ スーパーです。

This is the supermarket [where my mother always shops].
这是［妈妈常去购物的］超市。
Đây là siêu thị mà [mẹ tôi lúc nào cũng đi].

❷ ［リンさんが 作った］ 料理**は** とても おいしかった。

The food that Rin-san made was very delicious.
［リンさん做的］食物非常美味。
Món ăn [bạn Linh làm] rất ngon.

❸ 田中さん**は**、［私が こまっている とき］、いつも たすけてくれた。

Tanaka-san always helped me [when I was in trouble].
田中总是在［我陷入困境时］帮助我
Anh Tanaka lúc nào cũng giúp đỡ khi [tôi gặp khó khăn].

※［　　］は従属節です。
［ ］is a subordinate clause.／［ ］是从属句。／Trong ngoặc kép là mệnh đề định ngữ.

ポイント

日本語では、長い文の場合、主語と述語が遠くなることが多い。
にほんご　　　　なが　ぶん　ばあい　　しゅご　じゅつご　とお　　　　　　おお
In Japanese, the subject and predicate in long sentences are often found far apart.
在日语中，在长句子中，主语和谓语通常离得较远。
Trong tiếng Nhật, nếu câu dài thì thường chủ ngữ và vị ngữ đứng xa nhau.

UNIT 2

～も

私も　その　おみやげを　買いました。

I bought that gift too. ／我也买了那个纪念品。
Tôi cũng mua món quà đó.

デザートも　注文しましょう。

Let's order dessert too. ／我们也点点儿甜点吧。
Gọi cả tráng miệng đi.

もの いみ・はたらき

ある事柄について、同類のものを加えることを表す

Expresses that something similar will be added to a matter.
表示添加与某物类似的东西
Diễn đạt việc thêm thứ đồng loại với 1 sự việc, sự vật.

ある事柄について、さらにほかの対象を付け加えることを表します。

Expresses that another target will be added to a matter.
表示在某一事物上加上其他对象。
Diễn đạt việc thêm vào đối tượng khác liên quan đến một sự việc.

❶ 私**も**　一個　食べたいです。

I would like to eat one too.
我也想吃一个。
Tôi cũng muốn ăn 1 cái.

❷ 妹**も**　一緒に　行きます。

My little sister will come with me too.
我妹妹也会和我一起去。
Tôi cũng đi cùng.

❸ すみません、私**も**　バスに　乗ります。

Excuse me, I'm getting on the bus too.
对不起，我也坐公共汽车。
Xin lỗi, tôi cũng lên xe buýt.

❹ ランチセットは、コーヒー**も**　付いています。

The lunch set comes with coffee too.
午餐套餐还带一杯咖啡。
Bữa trưa có kèm cả cà phê.

私**も**　乗ります

確認ドリル ｛　｝の 中の 正しい ほうを えらんで ○を 書いて ください。

(1) 名前の 下に 電話番号｛ は・も ｝ 書いて ください。

(2) 山本さんは 会社員です。さとうさん｛ は・も ｝ 学生です。

(3) 彼女は テストに 合格しました。私｛ は・も ｝ 合格しました。

(4) A：明日｛ は・も ｝ 雨なんだって。
B：長いね。

(5) おなかは すいてないけど、のど｛ は・も ｝ かわいた。

➡ 答えは別冊 p.9

UNIT 3

～だけ

1時間（じかん）だけ　練習（れんしゅう）しました。
I practiced for just one hour. ／只练习了一个小时。
Tôi luyện tập chỉ 1 tiếng.

外国人（がいこくじん）は　私（わたし）だけでした。
I was the only foreign person. ／外国人只有我一个人。
Người nước ngoài chỉ có tôi.

だけの いみ・はたらき 1

数（かず）や量（りょう）を取（と）り上（あ）げる

Brings up a number or amount.
示例数量。
Đưa ra con số, số lượng.

決（き）められた数（かず）や量（りょう）を強（つよ）く示（しめ）し、それより少（すく）ないこと、または多（おお）くも少（すく）なくもないことを表（あらわ）します。

Strongly indicates a fixed number or amount and expresses that something is less than it, or that it is neither too much nor too little.
对固定的数字或金额表示强调，不能多也不能少。
Nhận mạnh số lượng cụ thể để diễn đạt ý ít hơn hoặc không ít không nhiều.

❶ さいふの　中（なか）に　100円（えん）**だけ**（が）　あります。
I only have 100 yen in my wallet.
钱包里只有 100 日元。
Trong ví chỉ có 100 yên.

❷ 時間（じかん）が　なかったので、パンを　1つ**だけ**　食（た）べました。
There was no time, so I only ate 1 piece of bread.
没有时间，所以只吃了一块面包。
Vì không có thời gian nên ăn mỗi 1 miếng bánh mì.

❸ 3か月間（げつかん）**だけ**　中国（ちゅうごく）に　留学（りゅうがく）していました。
I was studying abroad in China for only 3 months.
只学了 3 个月，就来中国留学了
Tôi du học Trung Quốc chỉ trong 3 tháng thôi.

❹ 今週（こんしゅう）の　休（やす）みは　1日（にち）**だけ**だった。
I only had one day off this week.
这周一天的休息。
Tuần này chỉ nghỉ 1 ngày.

❺ ピーマン**だけ**（は）　食（た）べられない。
Green peppers are the one thing I can't eat.
只有青椒吃不了。
Tôi chỉ không ăn được ớt xanh.

ポイント

助詞「が」「を」「は」といっしょに使うときは、「だけ」の後におきます。
「が」と「を」は省くことができます。

When using it together with the postpositional particles「が」,「を」, or「は」, they come after「だけ」.
「が」and「を」can be omitted.
与助词「が」「を」「は」一起使用时，要放在「だけ」的后面，可以省略「が」と和「を」。
Khi sử dụng cùng các trợ từ「が」「を」「は」thì đặt sau「だけ」.
Có thể lược bỏ bớt「が」và「を」.

よく使う動詞　ありますいます

だけのいみ・はたらき 2　範囲を取り上げる

Bringing up a range
强调范围
Đưa ra phạm vi

たくさんの中から一つを取り出して、それを強く示します。

Picks one thing out of many and strongly indicates it.
从众多中选择一个并强烈突出它。
Đưa ra 1 trong nhiều để nhấn mạnh.

❶ たばこが　すえる　場所は　ここ**だけ**です。

This is the only place where you can smoke cigarettes.
可以抽烟的地方只有这里。
Nơi uống được thuốc chỉ có chỗ này.

❷ A：コーヒーに　さとうと　ミルクは　入れますか。
B：ミルク**だけ**（を）　入れます。

A: Do you take sugar or milk in your coffee?
B: Only milk.
A：你咖啡里放糖和牛奶吗?
B：只加牛奶。
A: Có cho đường và sữa vào cà phê không?
B: Chỉ cho đường thôi.

❸ チャンさん**だけ**（が）　来ませんでした。

Only Chan-san did not come.
只有チャンさん没有来。
Chỉ có bạn Trang là không tới.

❹ 日本語**だけ**で　話しましょう。

Let's only speak in Japanese.
只用日语交流吧。
Hãy chỉ nói bằng tiếng Nhật thôi.

※（　）は　省くことが　できます。（　）can be omitted.／（　）可以省略。／Có thể lược bỏ từ trong（　）.

ポイント

助詞「に」「で」などといっしょに使うときは、「だけ」の前においても、後においてもいいです。

Advice: When using it together with postpositional particles such as「に」or「で」, they can come before or after「だけ」.
当与助词「に」「で」等一起使用时，放在「だけ」的前后都可以。
Khi sử dụng cùng các trợ từ như「に」「で」,「だけ」có thể đặt trước hoặc đặt sau đều được.

くらべて わかる

O あなたに**だけ**　教えて　あげる。
O あなた**だけ**に　教えて　あげる。

O この　お菓子は　この店で**だけ**　売っている。
O この　お菓子は　この店**だけ**で　売っている。

確認ドリル

左の　ことばに　つづくのは　どれですか。a～dから　一つ　えらびましょう。線を　書いて　ください。

(1) クリスマスに　リンさんだけに　・　　・a むずかしくて、わからなかった。

(2) この　料理は　この店でだけ　・　　・b プレゼントを　あげた。

(3) さいごの　問題だけが　・　　・c 勉強しました。

(4) 学校で　ひらがなだけを　・　　・d 食べる　ことが　できる。

➡ 答えは別冊 p.9

UNIT5

～しか

来週(らいしゅう)は　木曜日(もくようび)しか　空(あ)いていません。

I only have Thursday open next week. ／下周我只有星期四有空。
Tuần sau tôi chỉ rảnh mỗi thứ 5.

どうしよう。あと　30分(ぷん)しか　ない。

What should I do? There's only 30 minutes left. ／怎么办？只剩下 30 分钟了。
Làm sao bây giờ. Chỉ còn có 30 phút thôi.

しかの いみ・はたらき 1

ほかのものはないことを強(つよ)く示(しめ)す

Strongly indicates that nothing else exists.
强烈表明没有别的
Diễn đạt ý nhấn mạnh không có thứ nào khác.

「AしかBない」の 形(かたち)で「その ほかには ない」という意味(いみ)を表(あらわ)します。

Takes the form「Aしか Bない」to indicate "nothing else exists."
以「Aしか Bない」的形式表达“没有其他”的意思。
Mẫu câu「Aしか Bない」có nghĩa “ngoài ra không có gì khác”.

---

❶ 私(わたし)は　日本(にほん)の　歌(うた)**しか**　聞(き)きません。

I only listen to Japanese songs.
我只听日语歌儿。
Tôi chỉ nghe bài hát Nhật.

---

❷ この　レストランは　予約(よやく)した　人(ひと)**しか**　入(はい)れません。

Only people with reservations can come into this restaurant.
本餐厅仅限预约者可以进入。
Nhà hàng này chỉ cho người có đặt hẹn vào.

---

❸ A：ワインは　好(す)きですか。
B：はい、好(す)きです。でも、少(すこ)し**しか**　飲(の)めません。

A: Do you like wine?
B: Yes, I do. I can only drink a little, though.
A：你喜欢葡萄酒吗?
B：喜欢。但我只能喝一点点。
A: Anh thích rượu vang không?
B: Vâng, tôi thích. Nhưng chỉ uống được 1 chút thôi.

---

❹ さくらは　春(はる)に**しか**　さかない。

Cherry blossoms only bloom in the spring.
樱花只在春天开花。
Hoa anh đào chỉ nở vào mùa xuân.

---

❺ すみません。これ**しか**　ありません。

I'm sorry. This is all I have.
对不起。只有这个。
Xin lỗi, chỉ có cái này thôi.

これ**しか** ありません

ポイント

「しか」は、「は」「が」「を」の代わりに使います。
「に」「へ」「と」「から」「まで」などと一緒に使うときは、「しか」の前におきます。

「しか」can be used in place of「は」,「が」, or「を」.
When used together with「に」,「へ」,「と」,「から」,「まで」, and so on, they come before「しか」.
「しか」可以代替「は」「が」「を」使用。
与「に」「へ」「と」「から」「まで」等一起使用时，要放在「しか」的前面。
Chú ý「しか」có thể dùng thay「は」「が」「を」.
Khi dùng cùng các trợ từ「に」「へ」「と」「から」「まで」v.v… thì những trợ từ này thường đặt trước「しか」.

くらべて わかる

○ この子は、お母さんと**しか** 話さないんです。
✕ この子は、お母さん**しか**と 話さないんです。

よく 使う 動詞 ありません いません わかりません 知りません できません

確認ドリル 1 { } の ことばは どちらが いいですか。正しい ほうを えらびましょう。

(1) ここは 女子中学校なので、{ 女の子 ・ 男の子 } しか いません。

(2) A：リンさんの 電話番号を 知っていますか。
B：いいえ、メールアドレスしか { 知っています ・ 知りません }。

(3) A：漢字、読める？
B：ごめん。わたし、{ ひらがな ・ 漢字 } しか 読めない。

➡ 答えは別冊 p.9

しかのいみ・はたらき 2

数(かず)や量(りょう)が少(すく)ないことを表(あらわ)す

Expresses that a number or amount is small.
表示数量少。
Diễn đạt số lượng ít.

予想(よそう)した数(かず)や量(りょう)よりも少(すく)なく、足(た)りないことを表(あらわ)します。
Expresses that a number or amount is less than expected or lacking.
表示比预想少，不够的意思。
Diễn đạt số lượng dự đoán ít hoặc không đủ.

❶ 試験(しけん)まで　あと　10日(か)**しか**　ない。
There are only ten days left until the test.
离考试只有 10 天了。
Chỉ còn 10 ngày nữa là đến kỳ thi.

❷ 彼(かれ)は　この会社(かいしゃ)に　まだ　5か月(げつ)**しか**　いない。
He has only been at this company for five months.
他在这个公司只待了五个月。
Anh ấy mới làm việc ở công ty này được 5 tháng.

❸ 1つ**しか**　ないから、半分(はんぶん)ずつに　しよう。
There is only one, so let's split it in half.
只有一个，各分一半吧。
Vì chúng ta chỉ có một nên hãy chia nó làm đôi.

❹ 世界(せかい)で　2匹(ひき)**しか**　見(み)つかっていない　魚(さかな)が　います。
There is a fish where only two have been discovered in the world.
世界上有只发现了两条的鱼。
Có loài cá chỉ tìm thấy 2 con trên thế giới.

❺ だめだ。ちょっと**しか**　ない。
It's no good. There's only a little bit.
对不起。只有这个。
Không được, chỉ có một chút này thôi.

確認(かくにん)ドリル2

左(ひだり)の　ことばに　つづくのは　どれですか。a～dから　一(ひと)つ　えらびましょう。線(せん)を　書(か)いて　ください。

(1) きのうは　3時間(じかん)しか　・　　・a 寝(ね)ていない。
(2) この　話(はなし)は　2人(ふたり)しか　・　　・b 行(い)った　ことが　ありません。
(3) ハワイには　1度(ど)しか　・　　・c 知(し)らなかった。
(4) チケットは　1人(ひとり)　1まいしか　・　　・d もらえません。

➡ 答(こた)えは別冊(べっさつ) p.9

UNIT5

～なら

漢字(かんじ)を　勉強(べんきょう)するなら　この　本が　いいです。

If you're going to study kanji, this book is good. ／这本书对学习汉字有帮助。
Nếu học chữ Hán thì cuốn sách này rất phù hợp.

彼(かれ)なら　きっと　やってくれる。

I think that he would be able to do it. ／如果是他的话，一定会帮我做的。
Nếu là anh ấy thì chắc chắn sẽ làm giúp.

ならの いみ・はたらき 1

「もし、……」という仮定条件(かていじょうけん)を表(あらわ)す

Expresses a hypothetical condition such as「もし、……」
表达假设条件“如果……”
Diễn đạt điều kiện giả định「もし、……」

「A のときは B」という 意味(いみ)です。A は「本当(ほんとう)に そう（なる）か どうか わからないこと」です。また、A は「B を するためや B に なるための 条件(じょうけん)」を 表(あらわ)します。

Has the meaning "When A, B." It is unsure whether or not A will truly happen. Also, A expresses a condition needed to do B or become B.
意思是“如果 A，则 B”。 A 是“不知道会怎么样。”另外，A 代表“满足 B 或成为 B 的条件”。
Có nghĩa「A のときは B」. A diễn đạt ý「本当に そう（なる）か どうか わからないこと」. Hoặc A có nghĩa「B を するためや B に なるための 条件」

❶ 明日(あした)、雨(あめ)**なら**、出(で)かけません。

If it rains tomorrow, I won't go out.
如果明天下雨，我就不出去。
Ngày mai, nếu mưa thì không đi chơi.

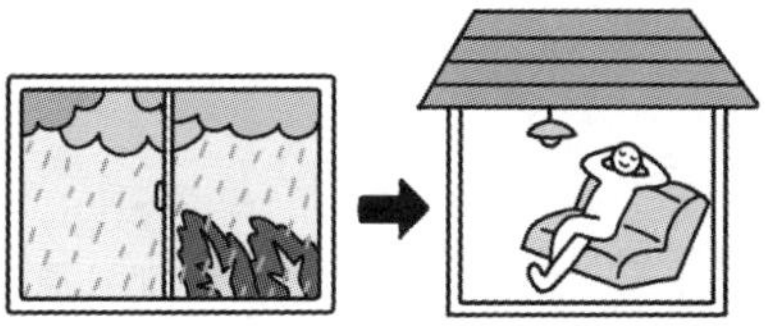

雨(あめ)**なら** 出(で)かけません

❷ 上手(じょうず)に　なりたい（の）**なら**、何回(なんかい)も　れんしゅう　しましょう。

If you want to get better, you should practice many times.
如果你有进步，就需要多次练习。
Nếu muốn giỏi thì hãy luyện tập nhiều lần.

❸ おくれる（の）**なら**、れんらくして ください。

If you're going to be late, please contact me.
如果迟到，请通知一声。
Nếu tới muộn thì hãy liên lạc.

❹ お金（かね）が ない（の）**なら**、買（か）わなくても 結構（けっこう）です。

If you don't have money, you don't have to buy it.
没钱就不用买。
Nếu không có tiền thì không cần mua.

※（ ） は 省（はぶ）くことが できます。 （ ） can be omitted. ／（ ） 可以省略。／ Có thể lược bỏ từ trong （ ）.

💡ポイント

「なら」の 前（まえ）に動詞辞書形（どうしじしょけい）や い形容詞（けいようし）をおくとき、その間（ま）に「の」を 入（い）れても いいです。

When a dictionary form verb or i-adjective comes before 「なら」, you may put 「の」 between them.
在「なら」前使用动词原形或い形容词时，在其之间也可以加上「の」。
Khi động từ dạng nguyên thể hoặc tính từ đuôi い đứng trước 「なら」 thì có thêm vào giữa từ 「の」.

 確認（かくにん）ドリル 1 左（ひだり）の ことばに つづくのは どれですか。a〜d から 一（ひと）つ えらびましょう。線（せん）を 書（か）いて ください。

(1) ひまなら ・
(2) 車（くるま）を 運転（うんてん）するなら ・
(3) これ、捨（す）てるなら ・
(4) 駅（えき）から 遠（とお）いのなら ・

・a バスに 乗（の）って 行（い）こう。
・b お酒（さけ）を 飲（の）んでは いけません。
・c 一緒（いっしょ）に 映画（えいが）を 見（み）に 行（い）きませんか。
・d 私（わたし）に ください。

➡ 答（こた）えは別冊（べっさつ） p.10

ならの いみ・はたらき 2

主題（しゅだい）を特別（とくべつ）に強（つよ）く示（しめ）す

Strongly indicates the subject as special.
特别强调主题的表现
Đặc biệt nhấn mạnh chủ đề

相手（あいて）の 発言（はつげん）を 受（う）けて 自分（じぶん）の 考（かんが）えを 伝（つた）えるときに よく 使（つか）います。

Often used when conveying one's own thoughts after hearing someone else's remarks.
通常用于针对对方所说的话来表达自己的想法时。
Thường dùng để truyền đạt suy nghĩ của bản thân sau khi nghe đối phương nói.

❶ A：明日は　はれだそうですよ。
B：はれ**なら**　外で　バーベキューを　しませんか。

A: It seems like it will be a sunny day tomorrow.
B: If it's sunny, why don't we have a barbecue outside?
A：听说明天是晴天。
B：如果那样，在外边烧烤怎么样？
A: Ngày mai chắc nắng đấy.
B: Nếu nắng thì ra ngoài làm BBQ đi!!

❷ A：今度の　飲み会、行く？
私は　行こうと　思ってるけど。
B：Aさんが　行く（の）**なら**　私も　行く。

A: Would you like to come to the next drinking party? I'm thinking of going.
B: If you're going, A-san, I will go too.
A：这次酒会你想去吗？ 我打算去。
B：如果 A 先生去的话，我也去。
A: Bữa nhậu lần này cậu có đi không? Tớ định đi đấy.
B: Nếu cậu đi thì tớ cũng đi.

❸ A：あれ？　山田さんは？
B：いないねえ。どこに　行ったんだろう。
C：山田さん**なら**　もう　帰ったよ。

A: Hm? Where's Yamada-san?
B: I don't see him. I wonder where he went.
C: If you're talking about Yamada-san, he already left.
A：唉？ 山田先生呢？
B：他不在。他去哪儿呢？
C：山田先生已经回家了。
A: Ơ, anh Yamada đâu rồi?
B: Không thấy đâu nhỉ. Đi đâu rồi không biết.
C: Anh Yamada đã về rồi.

※（　）は　省くことが　できます。（ ）can be omitted. ／（ ）可以省略。／ Có thể lược bỏ từ trong（ ）.

確認ドリル2

☐の　中から　（　　）に　入る　ことばを　えらんで、書きましょう。　※同じ　ことばを　2回　えらぶことは　できません。

(1) A：ちょっと　ゆうびんきょくに　行ってくる。
B：（　　　　）なら、帰りに　ぎゅうにゅうを　買ってきて　くれる？

(2) A：週末、一緒に　あそびに　行かない？
B：いいね。（　　　　）なら　行けるよ。

(3) A：テレビが　こわれたから、新しいのが　ほしいんだけど……。
B：（　　　　）なら　来週が　いいですよ。
来週から　セールが　始まりますから。

(4) A：授業中に　スマホを　使っても　いいですか。
B：授業中は　だめですが、（　　　　）なら　いいです。

テレビ	スマホ	パソコン	夏休み	休み時間	飲み物
ぎゅうにゅう	週末	きょう	これ	それ	あれ

➡ 答えは別冊 p.10

グループ 4
接続助詞(せつぞくじょし)
Conjunction
接续助词
Trợ từ kết nối

文(ぶん)の中(なか)で、前後(ぜんご)をつなぐ働(はたら)きをする
Acts to connect what comes before and after in a sentence
连接前后句子
Có chức năng kết nối vế trước sau trong câu

UNIT 1

～て/で

この　店(みせ)は　安(やす)くて　おいしいです。
This store is cheap and delicious. ／这家餐厅又便宜又好吃。
Quán này rẻ và ngon.

彼女(かのじょ)は　いつも　元気(げんき)で　明(あか)るいです。
She is always energetic and bright. ／她总是充满活力又开朗。
Cô ấy lúc nào cũng vui vẻ

て/での いみ・はたらき 1

文(ぶん)の中(なか)で二(ふた)つ以上(いじょう)のことを言(い)うときにそれらをつなぐ
Connects two or more things when said in a sentence
在句子中连接两个或多个事物
Có chức năng kết nối khi phát ngôn có trên 2 vế trong câu

ある事柄(ことがら)について、文(ぶん)の中(なか)で二(ふた)つ以上(いじょう)のことを言(い)うときにそれらをつなぎます。
Used when saying two or more things about something, connecting them.
用于一个句子对某事物用两个以上的词语来表达时的连接。
Nối 2 phần trong câu về một sự việc nào đó.

❶ この　部屋(へや)は　暗(くら)く**て**　寒(さむ)い。
That room is dark and cold.
这个房间又黑又冷。
Phòng này tối và lạnh.

❷ 彼(かれ)は　せが　高(たか)く**て**、頭(あたま)が　よく**て**、親切(しんせつ)です。
He is tall, smart, and kind.
他又高又聪明又善良。
Anh ấy cao ráo, giỏi giang và thân thiện.

❸ 初(はじ)めて　見(み)た　富士山(ふじさん)は、きれい**で**　大(おお)きかった。
The first time I saw Mount Fuji, it was pretty and large.
第一次看到的富士山，又美又大。
Lần đầu tiên nhìn thấy núi Phú Sĩ thật đẹp và hùng vĩ.

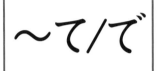

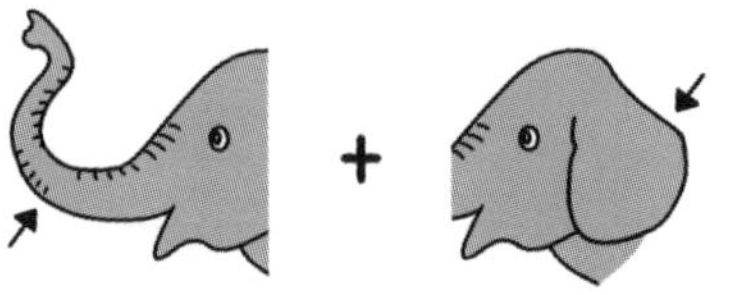

ゾウは 鼻(はな)が 長(なが)く**て** 耳(みみ)が 大(おお)きい

ポイント1

「～はＡてＢ」の形(かたち)で表(あらわ)し、ＡとＢは対立(たいりつ)しない関係(かんけい)になります。

When expressed in the form「～はＡてＢ」, A and B are not in an oppositional relationship.
用「～はＡてＢ」的形式来表示 A 和 B 不是对立的关系。
Được dùng dưới dạng câu「～はＡてＢ」, A và B không đối nghịch nhau.

くらべて わかる

○この　本(ほん)は　おもしろく**て**、一日(いちにち)で　読(よ)んで　しまいました。
×この　本(ほん)は　おもしろく**て**、一日(いちにち)で　読(よ)むのを　やめました。

ポイント2

ナ形容詞(けいようし)や名詞(めいし)に付(つ)く場合(ばあい)は、「～で」になります。

Becomes「～で」when added to na-adjectives and nouns.
连载ナ形容词或名词时用「～で」。／Khi đi kèm với tính từ đuôi な và danh từ thì được nối bằng「～で」.

くらべて わかる

○日本(にほん)の　えいがが　好(す)き**で**、よく　見(み)ます。
○彼(かれ)は　大学生(だいがくせい)**で**、まだ　経験(けいけん)が　少(すく)ない。

確認(かくにん)ドリル1

｛　　｝の　ことばは　どちらが　いいですか。正(ただ)しい　ほうを　えらびましょう。

(1) 夕(ゆう)べから、のどが　痛(いた)くて　｛　元気(げんき)です　・　熱(ねつ)が　あります　｝。

(2) この　すし屋(や)は、安(やす)くて　｛　まずい　・　おいしい　｝です。

(3) 父(ちち)は　医者(いしゃ)で、いつも　｛　ひま　・　いそがしい　｝です。

➡ 答(こた)えは別冊(べっさつ) p.10

て/での いみ・はたらき 2　続(つづ)いて起(お)こる様子(ようす)を表(あらわ)す

Expresses things happening in succession
表达持续发生
Diễn đạt việc xảy ra liên tục

複数(ふくすう)の物(もの)ごとが続(つづ)いて起(お)こる様子(ようす)を表(あらわ)します。

Used to express multiple things that happen in succession.
表示了几件事接着发生。
Dùng khi các sự việc liên tiếp xảy ra.

❶ 宿題(しゅくだい)をして、シャワーを　あびて、ねます。

I do my homework, take a shower, and sleep.
做作业，洗澡，睡觉。
Làm bài tập, đi tắm rồi ngủ.

❷ 部屋(へや)を　かたづけて、友(とも)だちを　呼(よ)びます。

I will clean my room, then call my friends over.
打扫房间叫朋友过来。
Dọn phòng rồi gọi bạn đến.

❸ 服(ふく)を　あらって、ベランダに　ほした。

I washed my clothes and hung them on the veranda.
我把衣服洗了，晒在阳台上了。
Giặt quần áo rồi phơi ra ban công.

❹ コンビニで　アイスクリームを　買(か)って、公園(こうえん)で　食(た)べました。

I bought ice cream at the convenience store then ate it at the park.
在便利店买了冰淇淋，在公园里吃了。
Mua kem rồi ra công viên ngồi ăn.

確認(かくにん)ドリル２

左(ひだり)の　ことばに　つづくのは　どれですか。a～dから　一(ひと)つ　えらびましょう。線(せん)を　書(か)いて　ください。

(1) 私(わたし)は、朝(あさ)　起(お)きて、　・　　・a 新幹線(しんかんせん)に　乗(の)ります。

(2) 新大阪駅(しんおおさかえき)に　行(い)って、　・　　・b すぐ　水(みず)を　飲(の)みます。

(3) 私(わたし)は　仕事(しごと)を　やめて、　・　　・c 食事(しょくじ)を　しました。

(4) 今日(きょう)、彼(かれ)と　映画(えいが)を　見(み)て、　・　　・d 日本(にほん)に　来(き)ました。

➡ 答(こた)えは別冊(べっさつ) p.10

て/での いみ・はたらき 3

「～の状態(じょうたい)で・・・する」 という意味(いみ)を表(あらわ)す

Expresses the meaning "doing ... in the state ~"
表示“在……的状态下做……”的意思
Diễn đạt ý「～の状態で・・・する」

何(なに)かの動作(どうさ)をするときの状態(じょうたい)や様子(ようす)を表(あらわ)します。

Expresses a state or condition when performing an action.
表式做某事时的状况或状态。
iễn đạt trạng thái, tình trạng khi làm việc gì đó.

❶ メガネを かけて、本(ほん)を 読(よ)みます。

I read books wearing my glasses.
戴上眼镜看书。
Đeo kính rồi đọc sách.

❷ 手(て)を 上(あ)げて 道(みち)を 渡(わた)ります。

You cross the street with your hand raised.
举手过马路。
Giơ tay lên để qua đường.

❸ パンに ジャムを ぬって 食(た)べます。

I spread jam on my bread when I eat it.
把果酱涂在面包上吃。
Phết mứt vào bánh mì để ăn.

❹ 雨(あめ)の 中(なか)、かさを さ**さないで**、帰(かえ)りました。

I went home in the rain without opening an umbrella.
下雨天没打伞就回来了。
Tôi về nhà trong mưa mà không che ô.

ポイント

「～ない状態(じょうたい)で」という意味(いみ)を表(あらわ)す場合(ばあい)は、「ない形(けい)＋**ないで**」の形(かたち)をとります。

When used to express the meaning "in the state of not doing ~," this takes the form「ない形＋ないで」.
在表示「不是，，，的状态」时，用「ない形＋ないで」的形式表现。
Khi diễn đạt ý「～ない状態で」thì dùng mẫu câu「ない形＋ないで」.

くらべて わかる

○ しょうゆを つけ**て** 食(た)べました。
○ 何(なに)も つけ**ないで** 食(た)べました。

確認(かくにん)ドリル３ ｛　｝の ことばは どちらが いいですか。正(ただ)しい ほうを えらびましょう。

(1) パジャマを ｛ 着(き)なくて ・ 着(き)ないで ｝ ねました。

(2) よしゅうを ｛ しなくて ・ しないで ｝ テストを 受(う)けました。

➡ 答(こた)えは別冊(べっさつ) p.10

確認ドリル4　左の　ことばに　つづくのは　どれですか。a～dから　一つ　えらびましょう。線を　書いて　ください。

(1) 雨が　やんだので	・	・a 寝ます
(2) 毛布を　かけて	・	・b 本を　読んでいます。
(3) 彼は　ソファーに　座って	・	・c 1時間　煮ます。
(4) なべに　ふたをして	・	・d 出かけた。

➡ 答えは別冊 p.10

て/での いみ・はたらき 4　原因や理由を示す

Indicates a cause or reason
说明原因和理由
Chỉ nguyên nhân, lí do

ある出来事によって、どんな気持ちになったかを表す。
Used to express how one felt due to something.
表达对某事的感受。／ Diễn tả tâm trạng ra sao về 1 sự việc.

❶ あなたに　会え**て**、よかった。
I'm glad I met you.
很高兴认识你。
Thật may là gặp được anh.

❷ ニュースを　聞い**て**、驚きました。
I heard the news and was surprised.
听到这个消息我很惊讶。
Tôi bất ngờ khi nghe tin.

❸ 優勝　でき**なくて**、悔しかった。
I couldn't win and was frustrated.
没能赢很沮丧。
Buồn vì không giành chức vô địch.

❹ 遅れ**て**、すみませんでした。
I'm sorry for being late.
迟到了，非常抱歉！
Tôi xin lỗi vì đến muộn.

あることが原因・理由で、ある結果や状態になったことを表す。
Expresses a result or state due to a cause or reason.
表示由于某种原因或理由而导致某种结果或状态。
Diễn đạt một kết quả, trạng thái vì một nguyên nhân, lí do nào đó.

❺ テストが　心配**で**、ねむれませんでした。
I was worried about the test and couldn't sleep.
因为担心考试而睡不着觉。
Tôi lo cho bài thi nên không ngủ được.

⑥ この　本は　漢字が　多く**て**、読めません。

This book has many kanji in it and I can't read it.
这本书的汉字太多了，我读不了。
Cuốn sách này nhiều chữ Hán nên không đọc nổi.

⑦ かぜを　ひい**て**、学校を　休みました。

I caught a cold and took off from school.
我感冒了，没去学校。
Tôi nghỉ học vì bị ốm.

⑧ 雪**で**　電車が　止まっています。

The train is stopped due to snow.
火 因雪停运。
Tàu điện dừng vì tuyết.

ポイント

「～なかったという理由で」という意味を表す場合は、「ない形＋**なくて**」の形をとります。

When expressing the meaning "because there was no~," this takes the form「ない形＋なくて」.
表示「没有～的理由」时，用「ない形＋なくて」的形式。
Khi dùng với ý nghĩa「～なかったという理由で」thì dùng mẫu câu「ない形＋なくて」.

確認ドリル5

｛　　｝の　ことばは　どちらが　いいですか。正しい　ほうを　えらびましょう。

(1) テストに　｛　合格できないで　・　合格できなくて　｝　残念でした。

(2) 雨の　中、山に　｛　行かないで　・　行かなくて　｝　よかった。

➡ 答えは別冊 p.10

確認ドリル6

左の　ことばに　つづくのは　どれですか。a～e から　一つ　えらびましょう。線を　書いて　ください。

(1) 母の　声を　聞いて　・　　・a 公園の　木が　たおれました。

(2) コンサートに　行けなくて　・　　・b 買い物が　できませんでした。

(3) さいふを　わすれて　・　　・c ごめん。

(4) 電話できなくて　・　　・d 安心しました。

(5) 台風で　・　　・e ざんねんです。

➡ 答えは別冊 p.11

て/での いみ・はたらき 5

手段や方法を示す

Indicates a method or way
表示手段和方法
Diễn đạt phương thức, cách thức.

「動詞のて形」または「名詞＋で」の形で手段や方法を示します。
Takes the form of「動詞のて形」or「名詞＋で」to indicate a method or way.
用「動詞のて形」或「名詞＋で」的形式表示手段或方法。
Diễn đạt phương thức, cách làm ở dạng mẫu câu「動詞のて形」hoặc「名詞＋で」.

❶ 電車に　乗って、帰りました。
（＝電車で　帰りました。）

I got on the train and went home.
坐电车回家了。
Tôi đi tàu về nhà.

❷ むすめは、はしを　使って、上手に　食べます。
（＝むすめは、はしで、上手に　食べます。）

My daughter uses chopsticks to eat well.
女儿用筷子吃得很好。
Con gái dùng đũa ăn rất giỏi.

❸ 毎日　練習して、自転車が　乗れるように　なりました。

I practiced every day and learned how to ride a bicycle.
每天都练习，现在能骑自行车了。
Hàng ngày tập luyện nên tôi đã biết đi xe đạp.

❹ いっしょうけんめい　働いて、100万円　ためました。

I worked as hard as I could and saved a million yen.
因为努力工作，攒了100万日元。
Hàng ngày làm việc chăm chỉ nên đã tích góp được 100 vạn yên.

❺ テキストを　何度も　読んで、勉強しました。

I read the textbook again and again to study.
把课文读了很多遍。
Tôi đọc sách nhiều lần để học.

確認ドリル7

左の　ことばに　つづくのは　どれですか。a～dから　一つ　えらびましょう。線を　書いて　ください。

(1) フライパンを　使って　・　　・a イタリア語を　勉強しています。
(2) 学校に　通って　・　　・b ゆうびんきょくへ　行きます。
(3) スマホで　・　　・c ケーキを　焼きます。
(4) 歩いて　・　　・d ことばの　意味を　しらべます。

➡ 答えは別冊 p.11

UNIT 2

～けれど

旅行に　行きたい**けれど**、お金が　ない。
りょこう　い　　　　　　　　　　おかね

I want to go on a vacation, but I don't have money. ／想去旅行，可是没钱。
Tôi muốn đi du lịch nhưng không có tiền.

日本語の　勉強は　難しい**けれど**　楽しい。
にほんご　　べんきょう　むずか　　　　　　　たの

Studying Japanese is difficult, but it's fun. ／日语学习虽然很难，但很有趣。
Học tiếng Nhật khó nhưng vui.

けれどの いみ・はたらき 1

逆接を表す
ぎゃくせつ　あらわ

Expresses an adversative
表示逆接
Diễn đạt ý ngược lại

「AけれどB」の形で、Aから予想されること以外の結果や、Aと反対の評価をBで述べます。
かたち　　　　　　よそう　　　　　　　　いがい　けっか　　　　　　はんたい
Takes the form「A けれど B」to describe B, a result that was not expected based on A, or an evaluation opposite of A.
用「A けれど B」的形式表示对 A 预想的结果或与 A 持有相反的评价。
Mẫu câu「A けれど B」để nói về kết quả ngoài dự đoán từ A, đánh giá ngược lại với A được đề cập ở B.

❶ 昨日は　さむかった**けれど**、今日は　あたたかい。
It was cold yesterday, but it's warm today.
昨天很冷，今天却很暖和。
Hôm qua lạnh nhưng hôm nay ấm.

❷ ケーキを　買いに　行った**けれど**、店が　閉まっていて　買えませんでした。
I went to buy a cake, but the store was closed and I couldn't buy one.
我去买蛋糕了，但是商店关门了，所以我没买到。
Tôi đi mua bánh nhưng hàng bánh lại đóng cửa nên không mua được.

❸ いなかは　不便だ**けれど**、自然が　美しい。
ふべん　　　　しぜん　うつく

The countryside is inconvenient, but the nature is beautiful.
乡下虽然交通不便，但大自然很美丽。
Ở quê bất tiện nhưng thiên nhiên rất đẹp.

❹ 彼は　お金持ちではない**けれど**、やさしくて　楽しい人です。
He isn't rich, but he's a kind and fun person.
他并不富有，但他是一个善良、有趣的人。
Anh anh không phải người giàu có nhưng tốt bụng và tốt tính.

ポイント1

前の文に対して、「けれど」の後は、逆の展開をします。
まえ　ぶん　たい　　　　　　　　　あと　ぎゃく　てんかい

What comes after「けれど」describes the reverse of what comes before it.
与前面的句子相反，在“けれど”之后，句子以相反的方式发展。
Sau「けれど」sẽ là nội dung ngược với câu trước.

ポイント2

会話では「〜けど」がよく使われます。

「〜けど」is often used in conversation.
口语会话时经常用「〜けど」。
Trong hội thoại thường dùng dạng「〜けど」.

くらべて わかる

○ 軽い**けど**、じょうぶです。
○ 買いたかった**けど**、お金が　なかった。

確認ドリル1　{　　}の　ことばは　どちらが　いいですか。正しい　ほうを　えらびましょう。

(1) 休日だけれど、{ 家で 休みました ・ 仕事に 行きました }。

(2) 授業中、ねむかったけれど、{ がんばって 起きていました ・ ベッドで ねました }。

(3) 形は 悪いけれど、{ まずい ・ おいしい } りんごです。

(4) A：明日、試合を 見に行かない？
B：行きたいけれど、{ 明日は 用事が あるんだ ・ 暇だから 行ける }。

➡ 答えは別冊 p.11

けれどの いみ・はたらき 2　前置き

Introductory remark
前置
Cách nói mào đầu

会話の中で、話題を変えるときや何か頼みたいことがあるときなど、**前置き**の表現に使います。これは、相手への配慮です。
※「けれど」より「けど」のほうをよく使います。

Used as an introductory expression in a conversation when changing the topic, having a request, etc. This is used to show consideration to the other party.
※「けど」is used more than「けれど」.
用于在改变话题或有事求对方时表示对对方的客气或为对方考虑。
※ 跟「けれど」比「けど」更常用。
Trong hội thoại, khi muốn thay đổi chủ đề hoặc muốn nhờ việc gì đó thì thường dùng cách nói mào đầu. Đây là cách nói tỏ sự lịch sự với đối phương.
※ Thường dùng「けれど」hơn「けど」.

❶ A：悪いけど、会議室の エアコン、入れて おいて もらえない？
B：うん、いいよ。

A: Sorry, but could you go and turn on the air conditioning in the meeting room?
B: Sure, that's okay.
A：抱歉，能不能事先把会议室的空调打开？ B：好的。
A: Xin lỗi nhưng anh có thể bật sẵn máy lạnh ở phòng họp giúp tôi được không?
B: Ừ được thôi.

❷ A：たのみたい ことが あるんだけど、水曜日の アルバイト、かわって もらえない？
B：いいよ。

A: I wanted to ask you, could you take my place at our part-time job on Wednesday?
B: Sure.
A：有件事想求你，周三的打工能不能帮我替一下？
B：好的。
A: Tôi muốn có việc này nhờ cậu, cậu có thể làm thay thôi ngày thứ 4 không?
B: Ừ, được.

❸ A：ちょっと 教えて ほしいんだけど、来週の テストは 何時から？
B：９時半だよ。

A: I was hoping you'd tell me when next week's test starts.
B: It's at 9:30.
A：我想请教一下，下周的考试几点开始？
B：９点 半开始。
A: Anh có thể chỉ giúp tôi bài kiểm tra tuần sau từ mấy giờ không?
B: Từ 9 giờ rưỡi.

❹ A：おかりした 本ですけど、とても おもしろかったです。
B：それは よかった。

A: About the book I borrowed, it was very interesting.
B: I'm glad to hear that.
A：从你那儿借的书很有趣。 B：那太好了！
A: Quyển sách cậu cho mình mượn ấy, rất hay.
B: Thế hả, tốt quá.

❺ A：歯が 痛いんだけど、いい 歯医者 知らない？
B：駅ビルに ある、田中歯科が いいよ。

A: My teeth hurt, do you know a good dentist?
B: Tanaka Dentistry in the station building is good.
A：我的牙很疼，你知道有好的牙医吗？
B：车站大楼内的田中牙科不错吆！
A: Tớ đau răng quá cậu có biết bác sĩ nào tốt không?
B: Nha khoa Tanaka nằm trong tòa nhà ở ga tốt đấy.

❻ A：今度の 土曜日だけど、映画 見に 行かない？
B：いいよ。何 見る？

A: About next Saturday, would you like go to see a movie?
B: Sure. What should we see?
A：这周六，你想不想去看电影？
B：好啊！看什么？
A: Thứ 7 tuần này ấy mà, cậu có đi xem phim không?
B: Ừ đi. Xem phim gì nhỉ?

確認ドリル２ 左の ことばに 続くのは どれですか。a～c から 一つ えらびましょう。線を 書いて ください。

(1) お願いが あるんだけど ・
(2) ここだけの 話なんだけど ・
(3) 昨日の ニュースで 聞いたんだけど ・

・a 京都で 大きい お祭りが あるんだって。
・b ノート、コピーさせて もらえない？
・c 宝くじで 100万円 当たったんだ。

➡ 答えは別冊 p.11

グループ 5
終助詞(しゅうじょし)

Final particle
终助词
Trợ từ kết

文末(ぶんまつ)に付(つ)いて、話者(わしゃ)の気持(きも)ちや態度(たいど)を表(あらわ)す

Comes at the end of a sentence to express the speaker's feelings or attitude
用在句末，表达说话者的感受或态度
Đặt ở cuối cấu để diễn ta cảm xúc, thái độ của người nói

UNIT 1

～よ

さあ、起(お)きて。もう朝(あさ)だ**よ**。

Come on, wake up. It's morning already. ／快，起来吧。已经早上了。
Nào dậy thôi! Sáng rồi đấy!

ごめん。知(し)らなかった**よ**。

Sorry. I didn't know. ／对不起。我真的不知道呀！
Xin lỗi. Mình không biết!

よの いみ・はたらき 1

相手(あいて)が「知(し)らないこと」を伝(つた)えて理解(りかい)を促(うなが)す

Conveys something the other party doesn't know and encourages understanding
通过告诉对方他们“不知道”的事情来督促让他们知道。
Truyền đạt việc đối phương không biết để đối phương hiểu

相手(あいて)が「知(し)らないこと」や「気(き)づいていないこと」を伝(つた)えて、理解(りかい)を促(うなが)します。

Conveys something the other party doesn't know or has not noticed and encourages understanding.
通过告诉对方不知道或没有意识到的事情去督促并让他们理解。
Truyền đạt việc đối phương "không biết" hay "không nhận ra" để họ hiểu.

リュックが　開(あ)いています**よ**

❶ A：あ、リュックが　開(あ)いています**よ**。
B：あ、本当(ほんとう)だ。ありがとうございます。
A：いいえ。

A: Oh, your backpack is open.
B: Oh, you're right. Thank you.
A: It was nothing.
A：哦，你的背包开着呢！
B：噢，的确是。谢谢！
A：答：不客气。
A: Balo anh chưa đóng kìa.
B: À vâng. Cám ơn anh.
A: Không có gì.

❷ 妻(つま)：9月(がつ)は　混(こ)みそうだね。
飛行機(ひこうき)の　予約(よやく)、大丈夫(だいじょうぶ)かなあ。
夫(おっと)：大丈夫(だいじょうぶ)。さっき　予約(よやく)しておいた**よ**。
妻(つま)：ほんと？　ありがとう。

Wife: It seems like it'll be crowded in September.
I wonder if we'll be able to reserve airplane tickets.
Husband: Don't worry. I made a reservation just now.
Wife: Really? Thank you.
妻子：九月份人会很多。机票能订上吗?
丈夫：没事儿。我刚才预订好了。
妻子：真的吗？ 谢谢。
Vợ: Tháng 9 có vẻ đông nhỉ. Không biết có đặt được máy bay không đây?
Chồng: Yên tâm. Anh đã đặt rồi đấy.
Vợ: Thật á? Cám ơn anh.

❸ 母：ごはん できた**よー**！
子ども：はーい！

Mother: Dinner is ready! Child: Okaaay!
妈妈：饭好了！ 孩子：知道了！
Mẹ: Cơm được rồi đấy! Con: Vâng ạ!

ポイント1

会話の中で、相手に働きかけるニュアンスを持ちます。
Carries the nuance of seeking action from the other party when used in conversation.
谈话中有督促对方行动的意思。
Trong hội thoại thì mang nghĩa thúc giục đối phương.

ポイント2

くだけた会話表現なので、面接などで質問に答える場合は使いません。
This is a casual spoken expression and is not used when answering questions in interviews, etc.
是一种非正式的会话表达方式，在面试中回答问题时不能使用。
Là cách nói suồng sã nên không dùng khi trả lời câu hỏi phỏng vấn v.v...

確認ドリル1

「よ」を 入れた ほうが いいときは「よ」を、「よ」を 入れない ほうが いい ときは「×」を、どちらでも いいときは、両方に ○を 書いて ください。

(1) A：山田さん、最近、映画 見た？
B：この前、見た｛ よ ・ × ｝。
A：何 見たの？
B：スターウォーズ。
A：どうだった？
B：おもしろかった｛ よ ・ × ｝。

(2) A：明日、台風が 来るらしい｛ よ ・ × ｝。
B：ほんと？ 大きいのかな？
A：うん、なるべく 外に 出ない ほうが いい みたい。
ニュースで 言ってた｛ よ ・ × ｝。
B：そうなんだ。

➡ 答えは別冊 p.11

(3) 〈アルバイトの　面接(めんせつ)で〉

店長(てんちょう)：お名前(なまえ)を　教(おし)えて　ください。

A　：山田(やまだ)と　申(もう)します｛ よ　・　× ｝。

店長(てんちょう)：お国(くに)は　どちらですか。

A　：インドネシアです｛ よ　・　× ｝。

店長(てんちょう)：土日(どにち)に　働(はたら)く　ことが　できますか。

A　：はい、できます｛ よ　・　× ｝。

➡ 答(こた)えは別冊(べっさつ) p.11

よの いみ・はたらき 2　非難(ひなん)の気持(きも)ちを表(あらわ)す

Expresses feelings of criticism.
表示谴责
Diễn đạt cảm xúc phê phán .

命令文(めいれいぶん)、禁止命令文(きんしめいれいぶん)、依頼文(いらいぶん)の「よ」が下降(かこう)イントネーションで話(はな)された場合(ばあい)は、聞(き)き手(て)への非難(ひなん)の気持(きも)ちを表(あらわ)します。

「よ」 when spoken with a falling intonation in sentences ordering, prohibiting, or requesting something, it expresses feelings of criticism toward the other party.

当「よ」在命令句、禁止命令句及请求句中用降调语气说时，表示话者对听者的不满。

Khi phát âm「よ」xuống trong câu mệnh lệnh, cấm đoán, nhờ vờ thì thường thể hiện cảm xúc phê phán đối phương.

❶ ちょっと　手伝(てつだ)って**よ**。

Come on and help me.
来帮我一下！
Giúp 1 chút đi!

❷ ふざけないで**よ**。

Don't kid me.
别开玩笑！
Đừng có đùa nữa!

❸ そんなに　怒(おこ)らないで**よ**。

Don't get so mad.
别那么生气！
Giận quá rồi đấy!

❹ 席(せき)が　なくなるじゃない！　遅(おく)れないで**よ**！

All the seats are going to be taken! Don't be late!
座位是不是满了！别迟到了呀！
Hết mất chỗ thì sao! Đừng có đến trễ đấy!

❺ もっと　早(はや)く　言(い)って　ください**よ**。

You need to say that earlier.
早点儿说呀！
Phải nói sớm hơn chứ!

確認ドリル2 つぎの 文の 形を 変えて、「よ」を 付けて、相手が そうする ように 言って ください。

例：電話します → 電話してくださいよ。

(1) もっと 早く 教えます → ＿＿＿＿。

(2) 見ません → ＿＿＿＿。

(3) ちゃんと 閉めます → ＿＿＿＿。

➡ 答えは別冊 p.11

よの いみ・はたらき 3

指示や依頼などを強調する

Emphasizes an instruction, request, etc.
强调指示或要求等。
Nhấn mạnh chỉ thị, nhờ vả

指示や命令、依頼などを強調して、相手の理解や反応を促します。
Emphasizes an instruction, order, request, etc. and encourages the other party's understanding or reaction.
强调指示、命令、请求等，督促对方的理解和回应。
Nhấn mạnh chỉ thị, mệnh lệnh, nhờ và để đối phương hiểu và hồi đáp lại.

❶ 早く 帰れ**よ**。
Hurry up and leave.
早点回去吧！
Về mau đi!

❷ ときどき 電話しろ**よ**。
Call me sometimes.
时常给我打电话呀！
Thỉnh thoảng gọi điện đấy!

❸ 元気で がんばれ**よ**。
Stay well and do your best.
保重！加油啊！
Cố gắng lên đấy!

❹ じゃ、明日、駅に 9時。遅れないで**よ**。
In that case, 9 tomorrow at the station. Don't be late.
嗯，明天九点去车站。别迟到了！
Vậy ngày mai 9 giờ ở ga. Đừng đến muộn đấy!

❺ ねえ、これ 見て**よ**。
Hey, look at this.
嘿，你看这个！
Này, nhìn cái này đi!

❻ これ、食べてみて**よ**。
Try eating this.
这个，你尝尝看！
Ăn thử cái này đi!

よの いみ・はたらき 4

自分の気持ちや判断をしっかり伝える

Thoroughly conveys your feelings or decision
明确地表达自己的感受和判断
Truyền đạt rõ ràng cảm xúc, quyết định của mình

自分の気持ちや判断、意見が相手にしっかり伝わるように強調します。
Used to emphatically convey one's feelings, decision, or opinion to someone else.
将自己的感受、判断和意见明确的传达给对方。
Nhấn mạnh khi truyền đạt cảm xúc, quyết định, ý kiến của mình cho đối phương.

❶ 荷物、一つ　持ちます**よ**。

I'll hold one of your bags.
我带一件行李。
Để tôi cầm 1 túi cho.

❷ 大丈夫、絶対　合格します**よ**。

Don't worry, I'll pass no matter what.
没问题，我相信你会通过的！
Không sao. Chắc chắn là đỗ thôi!

❸ すぐ　治ります**よ**。

It'll heal right away.
很快就会痊愈的！
Sẽ khỏi ngay thôi!

❹ （雨は）もうすぐ　止みます**よ**。

(The rain) will stop soon.
（雨）很快就会停的！
(mưa) sắp tạnh rồi!

❺ A：消しゴム、かして。
B：いい**よ**。
A：ありがとう。

A: Let me borrow your eraser.
B: Okay.
A: Thank you.
A：橡皮借我用一下！
B：好的。
A：谢谢。
A: Cho tớ mượn cục tẩy.
B: Được thôi.
A: Cám ơn cậu.

よの いみ・はたらき 5

抗議や不満の気持ちを表す

Expresses feelings of protest or dissatisfaction.
表达抗议或不满
Thể hiện sự phản kháng, bất mãn

「自分はそれができる」または「自分はそれを理解している」と思っていることに疑いを持たれたときに、抗議や不満の気持ちを表します。
Used to express feelings of protest or dissatisfaction when someone doubts your belief that you can do something or that you understand something.
当我们认为自己能做某事或理解某事时却遭到对方的质疑时使用。表示抗议或不满的情绪。
Dùng khi thể hiện sự phản kháng, bất mãn hi bị nghi ngờ về việc「自分はそれができる」hay「自分はそれを理解している」

❶ A：明日の　飛行機、早いんでしょ？
そろそろ　寝たら？
B：わかってる**よ**、それくらい。

A: Your plane tomorrow is early, right?
Why don't you get to sleep already?
B: I at least know that.
A：明天的航班很早吧？快去睡吧！
B：不说我也知道啊！
A: Ngày mai bay sớm đúng không? Còn chưa đi ngủ đi?
B: Gì mà tớ không rõ điều đó chứ.

❷ A：明日、テストでしょ？
もう　ゲームは　やめたら？
B：わかってる**よ**。今、勉強しようと
思ってたんだ**よ**。

A: You have a test tomorrow, right?
Why don't you stop playing games?
B: I know that. I was just thinking about studying.
A：明天考试吧？别玩游戏了！
B：知道啊！我正想要去学习呢！
A: Ngày mai thi đúng không? Thôi chơi game được chưa?
B: Con biết rồi, con đang định học bây giờ đây.

❸ A：もうすぐ　一人ぐらしが　始まるね。
自分で　ごはん　作れる？
B：作れる**よ**。

A: You'll be living on your own soon, won't you.
Can you cook for yourself?
B: I can do that.
A：就要开始一个人生活了。你自己会做饭吗？
B：会呀！
A: Sắp ra sống một mình rồi nhỉ. Có nấu nổi cơm không đây?
B: Nấu được chứ sao!

確認ドリル３

Aの　注意や　心配に　対して、Bは「問題ない、だいじょうぶだ」と　思って　います。（　）の　ことばを　変えて、「よ」を　付けて　答えて　ください。

(1) A：来月から　英語の　学校と　テニススクールに　行くことに　したんだ！
B：いつも　忙しいのに、そんなに　できるの？
A：（できます）
________________________。

(2) A：お酒、そんなに　飲んだら、病気に　なるよ。
B：（なります）
________________________。

(3) A：明日の　飛行機、早いんだから、絶対　ねぼうしないでね。
B：（します）
________________________。

➡ 答えは別冊 p.11

UNIT 2

～ね

よく　がんばったね。

You tried very hard. ／你做的非常出色啊！
Cậu đã cố gắng lắm rồi nhỉ!

ここの　コーヒーは　本当に　おいしいですね。

The coffee here is really delicious, isn't it? ／这里的咖啡真的很好喝！
Cà phê ở đây ngon nhỉ.

ねの いみ・はたらき 1

相手に伝えたい気持ちを表す
あいて　つた　　　きも　　　あらわ

Expresses feelings you wish to convey to someone
表达向对方传达你的感受
Diễn đạt cảm xúc muốn nói với đối phương

自分が思ったことや感じたこと、情報などを相手に伝えようとする気持ちを表します。
じぶん　おも　　　　かん　　　　　じょうほう
あいて　つた　　　　　　きも　　　あらわ

Used to express feelings to someone such as your own thoughts, your feelings, information, etc.
表达向对方传达自己的想法、感受、信息等的心情。
Dùng khi muốn thể hiện điều mình nghĩ, cảm thấy hay thông tin gì đó cho đối phương.

❶ A：イチゴ、１パック、700円!?
B：高いね。春に　なったら、もう少し、安くなる　だろうね。
A：じゃあ、今日は　みかんに　しよう。

A: Strawberries are 700 yen a pack?!
B: How expensive. I bet they'll be a little cheaper in the spring.
A: In that case, I'll get mikans today.
A：草莓１包 700 日元！？
B：那很贵。春天会便宜一些吧！
A: 好吧，今买吃橘子吧。
A: 1 hộp dâu 700 yên á!?
B: Đắt nhỉ. Vào mùa xuân chắc sẽ rẻ hơn 1 chút nhỉ.
A: Vậy thì hôm nay mua quýt vậy.

❷ A：昨日、母が　退院しました。
きのう　はは　　たいいん
B：それは　よかったね。
A：うん、ほっと　しました。

A: My mother was discharged from the hospital yesterday.
B: That's good to hear.
A: Yes, I was relieved.
A：我妈妈昨天出院了。
B：那太好了！
A：是的，我也松了口气！
A: Hôm qua mẹ tớ đã ra viện rồi.
B: Vậy tốt quá nhỉ.
A: Ừ, thở phào luôn ấy.

❸ A：Bさん、残業するなんて、めずらしいね。
B：最近、とても　いそがしいんです。

A: It's rare for you to be working overtime, B-san.
B: I've been very busy lately.
A：B 先生加班真是少有啊！　B：我最近非常忙啊！
A: Anh B ở lại làm thêm cơ à, lạ nhỉ.
B: Tại dạo này bận quá cơ.

確認ドリル 1

「～ね」の　形の　文で　返事を　します。□の　中から　ことばを　えらんで　入れましょう。

(1) A：今日の　試合、勝ったよ！
B：＿＿＿＿＿＿＿＿ね。

(2) A：〈髪を　切った　友だちと〉
髪を　切ったんだ。＿＿＿＿＿＿＿＿ね。
B：ありがとう。

いい
そうだ
もちろん
よかった

➡ 答えは別冊 p.11

ねの いみ・はたらき 2

相手と共有したい気持ちを表す

Expresses feelings you wish to share with someone
表达你想与对方分享的感受
Diễn tả cảm xúc muốn cùng chia sẻ với đối phương

相手と情報や判断、感じ方などを共有したい気持ちを表します。
※相手の同意や共感を期待した表現なので、相手が知らないことには使えません。

Used to express emotions of wanting to share information, decisions, feelings, etc. with someone.
※This is an expression that expects agreement or sympathy from the person you are speaking to, and is not used for things the other party does not know.

表达与对方分享信息、判断、感受等的愿望。
※期望对方同意或有同感的表达方式，所以对方不知道的情况下不能使用。

Thể hiện ý muốn chia sẻ với đối phương thông tin, cảm nhận v.v...
※ Vì là cách nói mong đợi sự đồng ý, đồng cảm của người nghe nên không dùng được với việc mà người nghe không biết.

❶ A：今日は　あたたかいです**ね**。
B：そうです**ね**。
A：仕事の　後、花見に　行きませんか。
B：いいです**ね**。

A: It's warm today, isn't it.
B: It is.
A: Would you like to go see the flowers after work?
B: That sounds great.

A：今天天气真暖和啊！
B：是啊！
A：下班后不一起去看樱花吗？
B：那太少！

A: Hôm nay ấm nhỉ.
B: Ừ công nhận nhỉ.
A: Làm xong việc đi ngắm hoa đi
B: Ừ được đấy nhỉ.

❷ A：ちょっと　疲れた**ね**。
B：うん、そうだ**ね**。
A：そこの　カフェに　入らない？
B：いい**ね**。

A: I'm a little tired, aren't you?
B: Yes, I am.
A: Want to go to the café over there?
B: That sounds good.

A：有点累了吧！
B：是啊！
A：想不想去那家咖啡店？
B：好啊！

A: Mệt nhỉ.
B: Ừ, mệt nhỉ.
A: Vào quán cà phê này không?
B: Được đấy nhỉ.

❸ A：この　歌、なつかしい**ね**。
B：うん、中学生の　ころを　思い出す**ね**。

A: This song is nostalgic, isn't it?
B: Yes, it reminds me of my time as a middle school student.

A：这首歌真让人怀念啊！
B：是啊，这让我想起了中学时的情景。

A: Bài hát này lâu lắm mới nghe nhỉ.
B: Ừ, nhớ lại hồi học cấp 2 nhỉ.

確認ドリル2

「ね」が　あった　ほうが　いいですか。ない　ほう（×）が　いいですか。えらんでください。

(1)　〈カフェで〉

A：このカフェ、すてきです①｛　×　・　ね　｝。

B：そうです②｛　×　・　ね　｝。

ここの　コーヒー、とても　おいしいんですよ。

A：じゃあ、私も　コーヒーを　注文しようかな。

(2)　A：毎日　暑い①｛　×　・　ね　｝。

B：そうだ②｛　×　・　ね　｝。早く　秋に　なって　ほしい③｛　×　・　ね　｝。

(3)　A：週末、どこか　行きましたか。

B：京都に　行って　きました①｛　×　・　ね　｝。

A：そうですか。それは　よかったです②｛　×　・　ね　｝。

(4)　A：お名前を　教えて　ください。

B：田中です　｛　×　・　ね　｝。

➡ 答えは別冊 p.12

ねの いみ・はたらき 3　相手に確認する

Confirms with someone
向对方确认
Xác nhận lại với người nghe

自分の理解が正しいか、相手との間で確認したい気持ちを表します。

Used to express feelings of wanting to confirm with someone whether your understanding is correct.
表达想与对方确认自己的理解是否正确。
Dùng khi muốn xác nhận lại với người nghe xem mình đã hiểu đúng chưa.

❶ A：あのう、失礼ですが、田中さんです**ね**？

B：はい、そうです。

A：私、○○大学の　森です。お待ちして　おりました。

A: Um, excuse me, but you're Tanaka-san, right?
B: Yes, that's right.
A: I'm Mori, from ○○ University. I've been waiting for you.

A：呃，请问您是田中先生吧？！
B：是的，
A：我是○○大学的森。我在等您。

A: Xin lỗi… cho tôi hỏi anh có phải là Tanaka không?
B: Vâng đúng rồi.
A: Tôi là Mori trường đại học ○○ . Chào anh.

❷（レストランで）
店員：お二人様です**ね**？
てんいん　　ふたりさま

客　：はい。
きゃく

店員：では、こちらの　テーブルへ
　　　どうぞ。

(At a restaurant) Employee: Party of two?
Customer: Yes.
Employee: Please use this table, then.

（餐厅）　职员：两位，对吧？！
顾客：是的！
服务员：请到这张桌子来。

(Tại nhà hàng)　Nhân viên: Hai người phải không ạ?
Khách: Đúng rồi.
Nhân viên: Vậy xin mời vào bàn này

❸ A：次の　会議は　３時からです**ね**？
B：いえ、３時半からですよ。
A：そうですか、じゃあ、ちょっと
　　休憩しましょう。

A: The next meeting starts at 3, right?
B: No, it starts at 3:30.
A: Is that so. In that case, let's take a little break.

A：下个会议是 3 点开始吧?
B：不，从 3 点半 开始。
A：知道了，那我们休息一下吧。

A: Cuộc họp tiếp theo từ 3 giờ nhỉ?
B: Không từ 3 rưỡi đấy.
A: Thế hả. Vậy nghỉ giải lao một chút thôi.

❹ 母：忘れ物は　ない**ね**？
はは　わす　もの

子：うん！
母：じゃあ、出発しよう。

Mother: You're not forgetting anything, are you?
Child: No!
Mother: In that case, let's leave.

妈妈：没有忘记什么吧?
孩子：没有啊！
妈妈：那，我们走吧！

Mẹ: Con không quên gì chứ nhỉ?
Con: Vâng!
Mẹ: Nào đi thôi!

確認ドリル３　正しい　ほうを　えらびましょう。

(1) 〈レストランの　予約の　電話〉
客　：予約を　お願いします。
きゃく　よやく　　ねが
　　　３月３日、夜７時から、８名です①｛　×　・　ね　｝。
がつみっか　よる　じ　　　めい

店員：３月３日、夜７時、８名さまです②｛　×　・　ね　｝。
てんいん　がつみっか　よる　じ　めい

客　：はい、そうです。
きゃく

店員：確認しますので、お待ちください。・・・
てんいん　かくにん　　　　　　ま

(2) A：この　電車は　うめだ行きですね。
B：｛　はい、そうですよ　・　ありがとう　｝。

➡ 答えは別冊 p.12

グループ5
終助詞
しゅうじょし

文末に付いて、話者の気持ちや態度を表す
ぶんまつ　つ　　わしゃ　きも　　たいど　あらわ
Comes at the end of a sentence to express the speaker's feelings or attitude ／
用在句末，表达说话者的感受或态度／ Đặt ở cuối câu để diễn tả cảm xúc, thái độ của người nói

UNIT 3

～な

早く　家に　帰りたい**な**。
はや　　いえ　　かえ
I want to go home soon. ／我想尽快回家。
Tôi muốn về sớm quá.

危ないから、さわる**な**！
あぶ
It's dangerous, so don't touch it! ／危险，千万别碰！
Nguy hiểm, không được sờ vào!

なの
いみ・はたらき
1

自分の気持ちや感想を表す
じぶん　きも　　かんそう　あらわ

Expresses one's own feelings or impressions
表达自己的心情或感想
Diễn tả cảm xúc, cảm tưởng của mình

心の中で感じたことや気持ちを、自然に言葉になって口に出たように表します。
こころ　なか　かん　　　　　きも　　しぜん　ことば　　　くち　で　　　　あらわ

Used to express how one feels inside as though the words naturally took form and left one's mouth.
将内心的感受或心情，自然地用语言表达出来。
Là cách nói tự nhiên biểu lộ về điều mình cảm thấy trong lòng

接続 普通形＋な 名詞/な形容詞-だ＋な
せつぞく　ふつうけい　　めいし　けいようし

❶ いい　天気だ**な**。さんぽに　行こう。
てんき　　　　　　　　い

What nice weather. Let's go for a walk.
天气真好啊！出去走走。
Thời tiết đẹp quá. Đi dạo thôi.

❷ やきにくが　食べたい**な**。
た

I'd like to eat yakiniku.
想吃烤肉了！
Muốn ăn thịt nướng quá.

❸ 今日は　夕日が　きれいだ**な**。
きょう　　ゆうひ

The evening sun is pretty today.
今天的夕阳很美啊！
Hôm nay hoàng hôn đẹp quá.

❹ 雨、やまない**な**。少し　早めに　出かけよう。
あめ　　　　　　　すこ　　はや　　　　で

The rain's not stopping. We should leave a little early.
雨不会停。早点走吧。
Mưa không tạnh nhỉ. Mình đi sớm hơn một chút đi.

いい　天気だ**な**
てんき

雨が　やまない**な**
あめ

確認ドリル1

＿＿＿の ことばの 形を 変えて、「〜な。」の 形の 文に しましょう。

(1) この イチゴ、あまくて おいしいです→＿＿＿＿＿＿＿＿＿＿。

(2) かっこいい オートバイが ほしいです→＿＿＿＿＿＿＿＿＿＿。

(3) がんばったけど、宿題、終わりませんでした→＿＿＿＿＿＿＿＿＿＿。
また、明日 やろう。

(4) あーあ、歯医者に 行きたくないです→＿＿＿＿＿＿＿＿＿＿。
でも、予約して あるから 行かないと。

➡ 答えは別冊 p.12

なの いみ・はたらき 2

禁止を表す

Expresses a prohibition
表示禁止
Diễn đạt ý cấm đoán

「動詞のじしょ形＋な」の形で、ある動作や行為の禁止を表します。
Takes the form of "dictionary form verb + な" to express a prohibited action or act.
用「动词原形＋な」的形式表示禁止某种动作或行为。
Với dạng mẫu câu「動詞のじしょ形＋な」để nói về việc cấm đoán một hành vi hay động tác nào đó.

❶ 天気が 悪い 日は 山に 行く**な**。
Don't go to the mountain when the weather is bad.
天气不好的时不要上山。
Hôm nay thời tiết xấu nên đừng đi lên núi.

❷ ふざける**な**！
Don't kid me!
别开玩笑！
Đừng có đùa!

❸ おれの 自転車、勝手に 使う**な**！
Don't use my bicycle without asking!
不要随便使用我的自行车！
Đừng tự tiện dùng xe đạp của tôi!

❹ こっちに 来る**な**！
Don't come near me!
别过来！
Đứng có lại gần đây!

ポイント1

強(つよ)い調子(ちょうし)の言(い)い方(かた)で、緊急(きんきゅう)の場面(ばめん)やけんかをしている場面(ばめん)などで使(つか)われます。

This has a strong tone and is used in situations like emergencies and fights.

语气很重，用于紧急情况或吵架的场面。

Là cách nói mạnh nên thường dùng trong các trường hợp khẩn cấp hay cãi vã.

ポイント2

女性(じょせい)はあまり使(つか)いません。主(おも)に、親(した)しい友人(ゆうじん)や兄弟(きょうだい)などに対(たい)して使(つか)われます。

Women do not use this very often. It is primarily used with close friends, brothers, and so on.

女性用得不多。主要用于对亲密的朋友或兄弟姐妹等。

Nữ giới ít khi dùng. Chủ yếu dùng trong mối quan hệ bạn bè thân thiết hay anh em.

くらべて わかる

○ はずかしいから、こっち　見(み)る**な**！　＊主(おも)に男性(だんせい)が使(つか)う

○ はずかしいから、こっち　見(み)る**なよ**！　＊主(おも)に男性(だんせい)が使(つか)う

○ はずかしいから、こっち　見(み)**ないで**！　＊主(おも)に女性(じょせい)が使(つか)う

○ はずかしいから、こっち　見(み)**ないでよ**！　＊主(おも)に女性(じょせい)が使(つか)う

確認(かくにん)ドリル2　どうしの　形(かたち)を　変(か)えましょう。

(1) さわります→ ＿＿＿＿＿＿＿＿＿＿ な。

(2) 気(き)にします→ ＿＿＿＿＿＿＿＿＿＿ な。

(3) おい、だまって　部屋(へや)に　入(はい)ります→ ＿＿＿＿＿＿＿＿＿＿ な！

➡ 答(こた)えは別冊(べっさつ) p.12

PART 2

くらべて理解（りかい）

Compare and understand

进行比较理解

So sánh để hiểu

UNIT 1 「～で」「～に」をくらべてみよう

▼ おもな はたらき

～で	**動作やイベントなどが行われる場所を示す。** どうさ　　　　　　　　　　　　　おこな　　ばしょ　しめ	Indicates a location where an action, event, etc. takes place. 表示动作、活动等发生的地点。 Chỉ địa điểm diễn ra động tác hay sự kiện v.v...
～に	**物などが存在する場所や動作の対象を示す。** もの　　　　そんざい　　ばしょ　どうさ　たいしょう　しめ **時間や時期などを示す。** じかん　じき　　　しめ	Indicates the location where something exists or the target of an action. Indicates time, period, etc. 表示事物存在的场所或动作的对象。 表示时间或时期等。 Chỉ địa điểm tồn tại của vật, đối tượng của động tác Chỉ thời gian, thời kì

💡ポイント1

「場所＋**で**」のうしろには、動作を表す動詞が続きます。
ばしょ　　　　　　　　　　　　どうさ　あらわ　どうし　つづ
「場所＋**に**」のうしろには、「あります・います」のように、状態を表す動詞が続きます。
ばしょ　　　　　　　　　　　　　　　　　　　　　　　　じょうたい　あらわ　どうし　つづ

「場所＋で」 is followed by a verb that expresses action.
「場所＋に」 is followed by a verb that expresses state, such as 「あります・います」.
「場所＋で」 后面接表示动作的动词。
「場所＋に」 的后面接「あります・います」表示状态的动词。
Sau 「場所＋で」 là động từ thể hiện động tác.
Sau 「場所＋に」 là động từ chỉ trạng thái giống như 「あります・います」.

❶ 教室で ごはんを 食べます。　　I eat in the classroom.　　　　　　　　在教室吃晚饭。
きょうしつ　　　　　　　た　　　　　Ăn cơm trong lớp học.

❷ 教室に 学生が 4人 います。　　Four students are in the classroom.　教室里有四名学生。
きょうしつ　がくせい　にん　　　　　Có 4 học sinh trong lớp học.

教室で ごはんを 食べます

きょうしつ　　　　　た

教室に 学生が 4人 います
きょうしつ　がくせい　にん

ポイント2

「場所＋**に**」のうしろには、次のような動詞が続きます。

「場所＋に」is followed by the following types of verbs.
以下动词位于「場所＋に」之后。
Sau「場所＋に」là những động từ như dưới đây

A. 単純な移動を表す動詞	Verbs that express simple movement 表示简单移动的动词 Động từ chỉ sự sự di chuyển đơn thuần	行きます　来ます 帰ります
B. ある場所に対する体や物の移動を表す動詞	Verbs that express the movement of bodies or things with regards to a certain location 表示身体或物体相对于某一地点移动的动词 Động từ chỉ sự di chuyển của cơ thể, vật đối với địa điểm	入ります　乗ります 置きます　座ります

❶ 去年、日本**に**　来ました。

❷ バス**に**　乗りました。

確認ドリル

｛　　｝の 中の 正しい ほうを えらんで ○を 書いて ください。

(1) 銀行｛　で　・　に　｝　働いています。

(2) 銀行｛　で　・　に　｝　勤めています。

(3) 部屋｛　で　・　に　｝　います。

(4) 部屋｛　で　・　に　｝　寝ています。

➡ 答えは別冊 p.13

くらべて わかる

○ ここ**で**　車を　止めて　ください。

＊「ここ」と 示された 場所に 着いたら、車を 止める。
「ここで 何を するか → 止める こと」が ポイントです。

○ ここ**に**　車を　止めて　ください。

＊「止める」こと よりも、「どこに止めるか」と いう 場所が ポイントです。

○ ここ**で**　ごみを　捨てないで　ください。

＊「ここ」は 公園や 駅の ホームの ように、少し 広さが ある 場所です。
「ここ」と いう 場所で しては いけない こと→「ごみを 捨てない こと」が ポイントです。

○ ここ**に**　ごみを　捨てないで　ください。

＊「ここ」は 自動販売機の 前の ように、特に ごみが 捨てられる 場所です。
「ここに ごみを 捨てるのは だめだ」と いう ことが ポイントです。

UNIT 2 「～に」「～へ」をくらべてみよう

▼おもな はたらき

～に	移動の方向・目的地 移動や動作の到達点 動作や行為の対象 物が存在する場所	Direction / destination of movement End point of movement or action Target of an action or act Location where something exists 移动方向 / 目的地　移动或动作的到达地点 运动或行为的对象　事物存在的场所 Phương hướng di chuyển, đích đến Điểm đến của sự di chuyển, động tác Đối tượng của động tác, hành vi Địa điểm tồn tại của vật
～へ	動作の向かう方向 動作・作用の対象	Direction that an action goes in Target of an action or function 运动方向 动作 / 作用的对象 Phương hướng động tác hướng tới Đối tượng của động tác

ポイント1

移動の方向を表す場合は、「**に**」「**へ**」の両方が使えます。

Both「に」and「へ」can be used to express the direction of movement.

表示运动方向时，“に”和“と”都可以使用。

Khi thể hiện phương hướng di chuyển có thể dùng cả 2「に」「へ」.

❶ a. 毎日　学校**に**　行きます。

b. 毎日　学校**へ**　行きます。

❷ a. エレベーターは　上**に**　上がった。

b. エレベーターは　上**へ**　上がった。

ポイント2

到達点・目的地をはっきりさせたい場合は、「**に**」を使います。
とうたつてん　もくてきち　　　　　　　ばあい　　　　　　　　　　つか

「に」is used when you want to clearly specify an end point or destination.
如果想明确表示目的地，就用“に”。
Khi muốn nói rõ điểm đích, điểm đến thì dùng「に」.

❶ いす**に**　座ります。
すわ

❷ 友だち**に**　メールを　送った。
とも　　　　　　　　　　　おく

ポイント3

物が存在する場所を示す場合は、「**に**」しか使えません。
もの　そんざい　　ばしょ　しめ　ばあい　　　　　　つか

Only「に」can be used when indicating a location where something exists.
如果表示事物存在的场所时只能用「に」。
Khi không nói rõ rang điểm đích đến, điểm đến thì dùng「に」.

❶ 部屋**に**　エアコンが　あります。
へや

❷ ３階**に**　トイレが　あります。
かい

富士山**へ**　行きます
ふじさん　い
(方向)
ほうこう

富士山**に**　行きます
ふじさん　い
(到達点)
とうたつてん

富士山**に**　登ります
ふじさん　のぼ
(動作の対象)
どうさ　たいしょう

で×に

に×へ

と×に

は×が

を×から

と×や×か

まで×までに

しか×だけ

て×ので×から

よ×ね

ポイント4

到達点をはっきり言いたいときは「**に**」を使いますが、動詞が「行く」「来る」「帰る」の場合は、「**へ**」も使えます。

「に」 is used when you want to clearly specify an end point, but「へ」can also be used with the verbs「行く」,「来る」, and「帰る」.
想明确地表达目的地时用「に」，动词用「行く」「来る」「帰る」的情况时也可以用「へ」。
Khi muốn nói rõ điểm đích đến thì dùng「に」nhưng với động từ「行く」「来る」「帰る」thì có thể dùng cả「へ」.

くらべて わかる

○ 映画館**へ**　行きました。
○ 映画館**に**　行きました。

○ 新入生の　みなさん**に**　お知らせします。
○ 新入生の　みなさん**へ**　お知らせします。
＊「新入生の　みなさん」は　動作の　対象に　なるので、「に」も「へ」も　使えます。

○ 新入生の　みなさん**へ**
△ 新入生の　みなさん**に**
＊「に」は　直接的に　相手を　指して　強い　調子に　なります。
それよりも、方向の　意味が　表す　「へ」を　使うのが　自然です。

確認ドリル

（　）の　中の　正しい　ものを　えらんで　○を　書いて　ください。
２つ　正しい　ときは、２つの　○を　書いてく　ださい。

(1) 猫は　ベッドの　上｛　に　・　へ　｝　います。

(2) テーブル｛　に　・　へ　｝　コーヒーを　置きました。

(3) いつ　日本｛　に　・　へ　｝　来ましたか。

(4) 両親｛　に　・　へ　｝　花を　渡しました。

➡ 答えは別冊 p.13

UNIT3 「～と」「～に」をくらべてみよう

▼ おもな はたらき

～と	動作の相手 どうさ あいて 共同作業の相手 きょうどう さぎょう あいて 比べる対象 くら たいしょう	The other party in an action The other party in group work The target of comparison 行动的对方　合作对方　比较对象 Đối phương của động tác Đối phương cùng thực hiện hành động Đối tượng so sánh
～に	動作の対象になる人 どうさ たいしょう ひと 似ている対象 に たいしょう	A person who is the target of an action A similar target 行动对象的人 类似的对象 Người là đối tượng của động tác Đối tượng tương đồng

💡ポイント1

「**と**」は、互いに同じ行為をする場合の相手を示します。「**に**」は、自分の行為が相手に向かう場合の相手を示します。
たが おな こうい ばあい あいて しめ　じぶん こうい あい
て む ばあい あいて しめ

「と」 is used to indicate another party when you are both doing the same action. 「に」 is used to indicate another party when your action is pointed at them.

"と"表示相互做同样的事情的对方。"に"表示当行为所针对的对方。

「と」 dùng với đối phương khi có tương tác hành động với nhau. 「に」 dùng khi hành động của mình hướng tới đối phương.

❶ 友だち**と**　けんかしてしまった。
とも

❷ きのうの　夜、ワンさん**に**　電話しました。

よる　　　　　　　　でんわ

友だち**と**　話します

とも　　　はな

友だち**に**　話します
とも　　　はな

で×に

に×へ

と×に

は×が

を×から

と×や×か

まで×までに

しか×だけ

て×ので×から

よ×ね

ポイント2

共同作業を表す「〜と」は、「〜と一緒に」に置き換えられることがありますが、「〜に」には置き換えられません。

「〜と」when used to express group work can be replaced with「〜と 一緒に」, but it cannot be replaced by「〜に」.
表示共同作业的「〜と」与「〜と一緒に」可以互换，但不能与「〜に」互换。
「〜と」mang ý cùng thực hiện hành động có thể thay thế với mẫu câu「〜と一緒に」nhưng không thể thay thế cho「〜に」.

❶ 母**と**　買い物に　行きました。
　＝母**と**　一緒に　買い物に　行きました。

❷ 友だち**と**　おしゃべりを　していました。

ポイント3

比べる対象を表す「**と**」と「**に**」は、ほとんど同じ意味になります。

「と」and「に」have nearly the same meaning when used to express the target of a comparison.
在表示比较时「と」与「に」意思基本相同。
「と」và「に」trong nghĩa thể hiện đối tượng so sánh hầu như giống nghĩa nhau.

❶ 弟の　声は　父**と**　そっくりだ。

❷ 弟の　声は　父**に**　そっくりだ。

確認ドリル

つぎの｛　｝から　正しい　ものを　えらんで、○を　書いてください。

(1) 近所の　人｛　と・に　｝交流する　パーティーが　ありました。

(2) 司会は　先生｛　と・に　｝お願いするつもりです。

(3) 田中さんは　キムさん｛　と・に・といっしょに　｝結婚しました。

(4) 田中さんは　キムさん｛　と・に・といっしょに　｝旅行しました。

➡ 答えは別冊 p.13

くらべて わかる

○ 自転車が 歩いている 人**と** ぶつかりました。
○ 自転車が 歩いている 人**に** ぶつかりました。

＊「と」を 使うと、どちらも 同じくらいの スピードで 移動していた 印象です。どちらの 責任が 大きいか わかりません。

＊「に」の 場合、自転車の 動きが 人に 向かっていたと 理解されます。自転車の 責任の ほうが 大きい 印象です。

× 自転車が 壁**と** ぶつかりました。
○ 自転車が 壁**に** ぶつかりました。

＊壁は 動かない ⇒ 自転車の ほうから ぶつかった ことに なります。

○ 私は 母**と** 留学の ことを 相談しました。
○ ワンさんは 先生**に** 就職の ことを 相談しました。

＊「と」を 使うと、私と 母親が 同じ レベルで 同じ くらい 話した 印象です。

＊「に」を 使うと、まず、ワンさんが 話を して、それから、先生が アドバイスを した 印象です。

UNIT4 「～は」「～が」をくらべてみよう

▼ おもな はたらき

～は	**何の話かを文全体で表す。** なん はなし ぶんぜんたい あらわ	The sentence overall expresses a topic. 用一个完整的句子来表达一个事情。 Diễn tả toàn thể nội dung câu chuyện
～が	**「だれ」「どこ」「なに」を表す。** あらわ	Expresses "who," "where," or "what." 表示"谁"、"哪里"和"什么"。 Diễn tả 「だれ」「どこ」「なに」

💡ポイント１

「新しい話か今まで話していたことか」がポイントです。相手に新しい話だと示す
あたら はなし いま はな あいて あたら はなし しめ
ときは「**が**」、前からしていた話のときは「**は**」を使います。
まえ はなし つか

It is important to note whether a topic is new, or if it is a topic already discussed. 「が」 is used to indicate to the other party that
a new topic is being discussed, while 「は」 is used for a topic that has already been discussed.
重点在于要是新话题还是以前说过的话题。如果是新话题用「が」；如果是已经说过的话题用「は」。
Điểm chú ý là 「新しい話か今まで話していたことか」. Khi đưa ra câu chuyện hoàn toàn mới với người nghe thì dùng 「が」, khi nói
về câu chuyện đã từng nhắc tới thì dùng 「は」.

❶ あ、電車**が** 来ましたよ。　　＊相手に 知らせています
　　でんしゃ　き　　　　　　　　　あいて　し

❷ ああ……。あの 電車**は** ちがいますね。　　＊電車の 話を 続けています
　　　　　　　　でんしゃ　　　　　　　　　　でんしゃ　はなし　つづ

ポイント2

「**は**」は文全体(ぶんぜんたい)が言(い)いたいこと、「**が**」は「が」の前(まえ)の部分(ぶぶん)が特(とく)に言(い)いたいことです。

「は」is used for when a sentence overall wants to say something, while「が」is used when emphasizing what comes before「が」.
「は」表示整个句子想要表达的内容,「が」表示「が」之前的部分是特别想说的内容。
「は」thể hiện cả câu là điều muốn nói còn「が」thì chỉ muốn nói đến phần đặt trước「が」.

❶ これ**は**　大阪城(おおさかじょう)です。　＊城(しろ)の 写真(しゃしん)を 見(み)せて、大阪城(おおさかじょう)の 話(はなし)を 始(はじ)める

❷ これ**が**　大阪城(おおさかじょう)です。　＊「どれが 大阪城(おおさかじょう)か」と いう 質問(しつもん)への 答(こた)え

❗ 疑問文(ぎもんぶん)の 場合(ばあい)は、疑問詞(ぎもんし)を どこに 置(お)くかに 注意(ちゅうい)します。

In interrogative sentences, it is important to be careful of where the interrogative is placed.
疑问句时，请注意疑问词的位置。
Với câu nghi vấn thì chú ý từ để hỏi đặt ở đâu.

〈「は」の 後(あと)に 疑問詞(ぎもんし)〉

❸ A：あの人(ひと)**は**　誰(だれ)ですか。
B：あの人(ひと)**は**　田中(たなか)さんです。

〈「が」の 前(まえ)に 疑問詞(ぎもんし)〉

❹ A：誰(だれ)**が**　休(やす)みですか。
B：林(はやし)さん**が**　休(やす)みです。

ポイント3

2つのものをくらべるときは「**は**」を使(つか)います。

「は」is used when comparing two things.
当比较两个事物时，使用「は」。
Khi so sánh 2 sự vật thì dùng「は」.

❶ 姉(あね)**は**　高校(こうこう)の　先生(せんせい)で、妹(いもうと)**は**　医者(いしゃ)です。

❗ ふつう「が」を使(つか)う文(ぶん)でも、くらべるときは「は」を使(つか)います。

Even in sentences that would normally use「が」,「は」is used for comparisons.
即使一般用「が」的句子，在表示比较时用「は」。
Trong câu thường dùng「が」thì khi so sánh cũng dùng「は」.

❷ イヌ**が**　庭(にわ)に　います。ネコ**が**　部屋(へや)の　中(なか)に　います。
⇒イヌ**は**　庭(にわ)に　いますが、ネコ**は**　部屋(へや)の　中(なか)に　います。

❹ 雨(あめ)**が**　強(つよ)くなった。風(かぜ)**が**　止(や)んだ。
⇒ 雨(あめ)**は**　強(つよ)くなったが、風(かぜ)**は**　止(や)んだ。

❹ 肉(にく)**が**　好(す)きです。やさい**が**　きらいです。
⇒ 肉(にく)**は**　好(す)きですが、やさい**は**　きらいです。

ポイント4

名詞修飾の中の文では、「は」が「**が**」に変わります。また、２つの文の主語が同じ場合は、前の主語を言わなかったり、「自分」と言うことができます。

「は」becomes「が」within noun modifying sentences.
When two sentences have the same subject, you can also not state the first subject or say「自分」.

在名词修饰的句子中,「は」变为「が」。
另外，如果两个句子主语相同，可以省略前一个主语或说“自己”。

Trong câu có mệnh đề định ngữ danh từ thì「は」đổi thành「が」.
Ngoài ra, nếu chủ ngữ của 2 câu giống nhau thì không nói tới chủ ngữ trước hoặc có thể nói「自分」.

❶ 弟**は**　ケーキを　買ってきた。兄**は**　その　ケーキを　一人で　食べた。
　⇒ 兄**は**［弟**が**　買ってきた］　ケーキを　一人で　食べた。

❷ 兄**は**　ケーキを　買ってきた。兄**は**　その　ケーキを　一人で　食べた。
　⇒ 兄**は**［~~兄が~~　買ってきた］ケーキを　一人で　食べた。
　　 兄**は**［自分**が**　買ってきた］ケーキを　一人で　食べた。

ポイント5

「から」や「とき」などで理由や条件を示すとき、その文では「**が**」を使います。

「が」is used in sentences when indicating a reason or condition, such as with「から」or「とき」.
使用「から」或「とき」表示原因或条件时，请在句子中使用「が」。
Khi diễn tả điều kiện, lí do bằng「から」や「とき」thì câu đó dùng「が」.

❶ 時計**は**　高かった＋ので＋私は　母に　値段を　言えなかった。
　⇒ 時計**が**　高かったので、私は　母に　値段を　言えなかった。

❷ 友だち**は**　来た＋とき＋私は　留守だった。
　⇒ 友だち**が**　来た　とき、私は　留守だった。

! 上の場合で、前の文と後ろの文の主語がちがうときは、前の文で「が」を使います。一方、同じときは、文全体で「は」を１度だけ使います。

In the above case, if the first and second sentences have different subjects,「が」is used in the first sentence. If they are the same,「は」is only used once in the sentence overall.
在上述情况下，如果前一句的主语与后一句的主语不同，则在前句中使用「が」，相同时，整个句子中只使用一次「は」。
Trong trường hợp trên, khi chủ ngữ của vế trước và vế sau khác nhau thì vế trước dùng「が」. Còn khi cùng chủ ngữ thì chỉ dùng 1 lần「は」cho toàn bộ câu.

❸「子ども**は**　家に　帰ります」＋ と ＋「母親**は**　ごはんを　作ります」。
　⇒ 子ども**が**　家に　帰ると、母親**は**　ごはんを　作ります。

❹「子ども**は**　家に　帰ります」＋ と ＋「子ども**は**　宿題を　します」。
　⇒ 子ども**は**　家に　帰ると、(~~子どもは~~)　宿題を　します。
　⇒ (~~子どもは~~)　家に　帰ると、子ども**は**　宿題を　します。

ポイント6

「X**は**A**が**B」という形でXのAという面をBで表すという文があります。AはXに含まれる一部で、Bはその状態・様子です。

Some sentences express a side A of X with B, such as in the form「X は A が B」. A is included within X, and B is its state or appearance.

用「X は A が B」的形式将 X 的 A 用 B 表示。A 包含在 X 中的一部分，B は表示状况・状态。

Với câu「X は A が B」mang nghĩa A của X được diễn tả ở B. A là 1 bộ phận trong X và B diễn tả trạng thái, tình trạng đó.

❶ あの　店**は**　パン**が**　おいしい。

❷ 妹**は**　かみ**が**　長い。

❸ 新しい　スマホ**は**　デザイン**が**　いい。

❹ この　部屋は　窓**が**　大きい。

確認ドリル

つぎの（　）に「は」か「が」を　書いて　入れて　ください。

(1) 私の　部屋①（　）二階に　ある。その　部屋②（　）窓③（　）大きいので、遠くまで　景色④（　）見える。天気⑤（　）よければ、海⑥（　）見える。ときどき、白い　ヨット⑦（　）浮かんでいるのも　見かける。家の　すぐ　前に　ある　公園⑧（　）見えないけれども、子どもたち⑨（　）遊んでいる　声⑩（　）聞こえてくる。公園の　木に⑪（　）小鳥たち⑫（　）住んでいて、朝から　にぎやかだ。私⑬（　）この町⑭（　）好きだ。この　美しい　環境⑮（　）ずっと　変わらないで　ほしい。

(2) 荷物や　品物を　運ぶ　仕事①（　）みんな②（　）必要と　する　大切な仕事だ。しかし、トラックや　バスなどを　運転する　人が　足りなく　なっている。仕事③（　）大変な　こと④（　）理由の　一つだ。今まで、多くの人⑤（　）無理を　して　働いてきた。その　おかげで、私たち⑥（　）便利な　生活⑦（　）できた。配達⑧（　）早い、値段⑨（　）安い、サービス⑩（　）いいのが　ふつうだったが、これから⑪（　）ふつうと思わない　ほうが　いい。

➡ 答えは別冊 p.13

UNIT 5 「～を」「～から」をくらべてみよう

▼おもな はたらき

～を	**出る場所を示す。** **離れる対象となる場所を示す。** Indicates a location of departure. Indicates a location that will be left. 表示出来的场所。 表示离开的场所。 Diễn tả địa điểm xuất phát. Diễn tả địa điểm rời khỏi.
～から	**動作の始まりの場所を示す。** Indicates a location where an action begins. 表示动作的起点。 Diễn tả địa điểm bắt đầu động tác.

ポイント1

「**を**」は「**に**」とセットで、「～**を**出る」「～**に**入る」、「～**を**離れる」「～**に**着く」という意味の動詞と一緒に使うことが多いです。
（いみ）（どうし）（いっしょ）（つか）（おお）

「を」is often paired with「に」together with verbs with meanings like「～を 出る」and「～に 入る」, or「～を 離れる」and「～に 着く」.

「を」与 。「に」' 一起使用，常与表示“离开 ~,” “进入 ~,” “离开 ~,” ' 和“到达～” 的动词一起使用。

「を」đi cùng với「に」và thường sử dùng cùng với động từ có nghĩa「～を 出る」「～に 入る」、「～を 離れる」「～に 着く」.

❶ 高校**に**　入学する —— 高校**を**　卒業する
（こうこう）（にゅうがく）　　　（こうこう）（そつぎょう）

❷ 教室**に**　入る —— 教室**を**　出る
（きょうしつ）（はい）　　（きょうしつ）（で）

❸ 駅**に**　到着する —— 駅**を**　出発する
（えき）（とうちゃく）　　（えき）（しゅっぱつ）

ポイント2

「**から**」も「出る」「出発する」という動詞と一緒に使いますが、「どこから」という出発地点にポイントがあります。到着地点を表す「まで」が一緒に使われることが多いです。

「から」is also used with verbs like「出る」and「出発する」, but indicates a point of departure. It is often used together with「まで」expressing a point of arrival.

“から”也可与动词“出る”、“出発する”连用，但重点是“从哪儿”。它经常与“まで”一起使用，表示到达点。

「から」cũng vó thể dùng với động từ「出る」「出発する」nhưng có điểm cụ thể tại nơi xuất phát là「どこから」. Thường được dùng chung với「まで」thể hiện điểm đích đến.

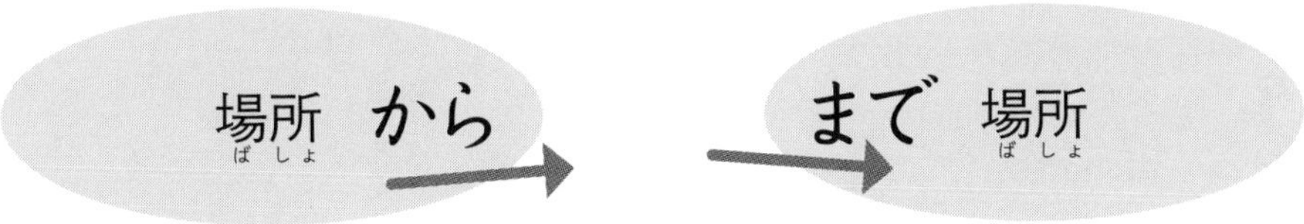

❶ 東京**から**　広島**まで**　新幹線で　行った。

❷ 会社**から**　電話した。

❸ かばん**から**　本を　出す。

ポイント3

「**から**」は始まりの地点を示すだけで、目的の場所に向かうという意味はありません。順番や状態の変化を表すこともあります。

「から」only indicates a beginning point and does not carry the meaning of heading to a destination. It is also used to express a change in order or state.

“から”仅表示起点，并不表示前往的目的地。它还可以表示顺序或状态的变化。

「から」chỉ có nghĩa điểm bắt đầu, không có nghĩa hướng tới địa điểm đích. Có thể dùng khi muốn diễn tả trình tự hay sự thay đổi trạng thái.

❶ 2階**から**　掃除を　始める。

❷ 昔、中国**から**　日本に　伝えられた。

❸ 寒くて、指の　先**から**　冷えてきた。

ポイント4

「**を**」は「出る」という動作や行動にポイントがあり、「から」は「どこから」という場所にポイントがあります。始まりの場所の範囲が広く、はっきりしない場合は、「**から**」を使います。

It's important to note that「を」goes with the action or act「出る」, while「から」is used from the place「どこから」. When the range of the initial place is large and not specific,「から」is used.

「を」的重点是"出来"的动作或行为，「から」的要点是"从哪儿"。如果起点范围广且不明确时，请使用「から」。

「を」có điểm cụ thể trong đông tác hay hành động「出る」, còn「から」có điểm cụ thể trong địa điểm「どこから」. Khi phạm vi của địa điểm bắt đầu rộng, không rõ ràng thì dùng「から」.

くらべて わかる

O 風呂**を**　出る。
O 風呂**から**　出る。

✕ 山**を**　日が　昇る。
O 山**から**　日が　昇る。

確認ドリル

つぎの｛　　｝の　正しい　ほうを　えらんで、○を　書いてください。

(1) トンネル｛ を ・ から ｝出ると、目の　前に　海が　広がっていた。

(2) 家｛ を ・ から ｝学校まで　30分ぐらいだ。

(3) 怒った　娘は、部屋｛ を ・ から ｝一歩も　出てこなかった。

(4) その　言葉を　聞いて、目｛ を ・ から ｝涙が　出てきた。

(5) 新幹線｛ を ・ から ｝降りると、空気が　冷たかった。

(6) 大学｛ を ・ から ｝卒業したら、日本で　働く　つもりです。

(7) 私の　部屋｛ を ・ から ｝小学校の　運動場が　見えます。

(8) 冷蔵庫の　うしろ｛ を ・ から ｝黒い　虫が　出てきて　びっくりした。

➡ 答えは別冊 p.14

UNIT 6「～と」「～や」「～か」をくらべてみよう

▼おもな はたらき

～と	対象(たいしょう)となるものをさらに足(た)す	Further adds a target 添加更多的项目 Thêm vào sự vật đang nhắc tới
～や	代表的(だいひょうてき)な例(れい)を複数示(ふくすうしめ)す	Indicates multiple representative examples 表示多个有代表性的例子 Biểu thị số nhiều về ví dụ đại diện
～か	候補(こうほ)を並(なら)べる	Exhibits multiple candidates 列出候选 Đưa ra đơn cử

ポイント1

「**と**」は一(ひと)つずつ取(と)り上(あ)げながら、対象(たいしょう)を全(すべ)て示(しめ)します。

「と」indicates all targets one at a time.
「と」一一例举，表示所有对象。
「と」vừa đưa ra từng thứ và chỉ toàn bộ thứ đang nhắc tới.

● サンドイッチを　作(つく)るので、ハム**と**　チーズ**と**　たまごを　買(か)いました。

ポイント2

「**や**」は３つ以上(いじょう)あるものから代表的(だいひょうてき)な例(れい)を複数示(ふくすうしめ)します。

「や」is used to indicate multiple representative examples out of three or more items.
「や」是从三个以上的事物中例举几个有代表性的例子。
「や」đưa ra vài ví dụ đại diện từ trong 3 thứ trở lên.

● カレー**や**　牛丼(ぎゅうどん)の　お店(みせ)に　よく　行(い)きます。

ポイント3

「**か**」は一つ(ひと)を選ぶ(えら)ために複数(ふくすう)の候補(こうほ)を示し(しめ)ます。

「か」indicates multiple candidates when only one is being chosen.

「か」表示有多个候选，任选其一。

「か」đưa ra vài đơn cử để lựa chọn 1.

● お昼(ひる)は　ピザ**か**　パスタに　しませんか。

くらべて わかる

○ 夏休み(なつやす)に　北海道(ほっかいどう)**と**　沖縄(おきなわ)に　行き(い)たいです。

＊北海道(ほっかいどう)と 沖縄(おきなわ)の 両方(りょうほう)に 行き(い)たい

○ 夏休み(なつやす)に　北海道(ほっかいどう)**や**　沖縄(おきなわ)に　行き(い)たいです。

＊二つ(ふた)は 例(れい)で あって、それ以外(いがい)の 場所(ばしょ)でも いい

○ 夏休み(なつやす)に　北海道(ほっかいどう)**か**　沖縄(おきなわ)に　行き(い)たいです。

＊北海道(ほっかいどう)と 沖縄(おきなわ)の どちらかに 行き(い)たい

確認(かくにん)ドリル

つぎの｛　　｝の　正しい(ただ)　ものを　えらんで、○を　書いて(か)ください。答え(こた)が　２つ以上(いじょう)の　場合(ばあい)も　あります。

(1) リンゴを　一つ(ひと)｛ と・や・か ｝ みかんを　５つ　買い(か)ました。

(2) 京都(きょうと)には、有名(ゆうめい)な　お寺(てら)｛ と・や・か ｝ 神社(じんじゃ)が　たくさん　あります。

(3) お飲み物(のもの)は　コーヒー①｛ と・や・か ｝ 紅茶(こうちゃ)②｛ と・や・か ｝、どちらに　なさいますか。

(4) 困っ(こま)た　ときは、家族(かぞく)｛ と・や・か ｝ 友(とも)だちに　相談(そうだん)します。

(5) この　クラスでは、中国(ちゅうごく)｛ と・や・か ｝ ベトナムの　学生(がくせい)が　勉強(べんきょう)しています。

➡ 答え(こた)は別冊(べっさつ) p.14

くらべて わかる

○ パーティーには、田中さん**と**　ヤンさんが　来ました。

＊ 2人 来たと いう 意味です。

○ パーティーには、田中さん**と**　ヤンさん**と**　マリーさん**と**　キムさん**と**　林さんが　来ました。

＊ 来た 人を 全部 述べたい ときに 使いますが、冗長な 感じが します。

○ パーティーには、田中さん**や**　ヤンさんが　来ました。

＊ 2人以外にも 来たと いう 意味を 含みます。

✕ パーティーには、田中さん**か**　ヤンさんが　来ました。

＊「か」は すでに 起きた 事実を 述べる 場合には 使えません。

○ パーティーには、田中先生**か**　ヤンさんが　出席して　ください。

＊ 選択肢を 示すのに 使えます。

UNIT7 「～まで」「～までに」をくらべてみよう

▼おもな はたらき

～まで	**続いていることが終わるときを表す。** Expresses when something that is continuing ends. 表示一直持续到事情的结束。 Diễn tả thời điểm kết thúc của một việc đang tiếp diễn.
～までに	**その時より前にすべてしてしまうことを表す。** Expresses everything that happens before a point in time. 表示在那之前完成所有事情。 Diễn tả việc kết thúc toàn bộ trước thời điểm đó.

ポイント1

「～**まで**」は、「AからBまで」の形で「から」と一緒に使うことがあります。「から」は続いていることの始まりを表します。

「～まで」may be used together with「から」in the form of「AからBまで」.「から」expresses the beginning of something that is continuing.

「～まで」有时是以「AからBまで」的形式与「から」一起使用。「から」表示持续的开始。

「～まで」có thể dùng cùng「から」với trong mẫu câu「AからBまで」.「から」diễn tả sự bắt đầu của việc đang diễn ra.

❶ 家から　駅**まで**　自転車で　行きます。

❷ 明日から　来週の　火曜日**まで**　休みです。

3時**まで**

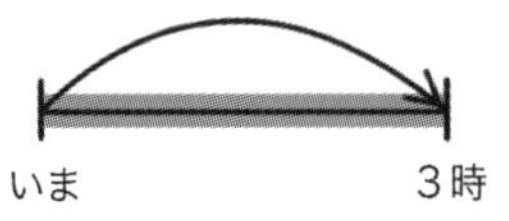

3時**までに**

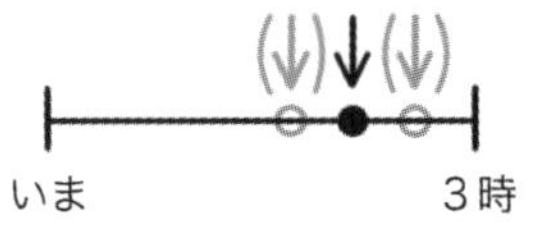

ポイント2

「**まで**」の後に付く動詞は、継続する動作を表す動詞です。「待つ」「いる」「続ける」「働く」「休む」「生きる」などがあります。

Verbs that follow「まで」are verbs that express a continuing action, like「待つ」,「いる」,「続ける」,「働く」,「休む」,「生きる」, and so on.

「まで」后续的动词是表示继续的动词。如「待つ」「いる」「続ける」「働く」「休む」「生きる」等。

Động từ đứng đằng sau「まで」là động từ diễn tả động tác liên tục. Chẳng hạn như「待つ」「いる」「続ける」「働く」「休む」「生きる」.

❶ 彼女が　来る**まで**　待ちましょう。

❷ この　本は　いつ**まで**　借りる　ことが　できますか。

ポイント3

「**までに**」の後に付く動詞は、その時だけで完了する動作を表す動詞です。「返す」「出す」「終わる」「決める」などがあります。

Verbs that follow「までに」are those describing acts that end only at that time, like「返す」,「出す」,「終わる」, and「決める」.

「までに」的后续动词是表示只在某时完成的动词，如「返す」「出す」「終わる」「決める」等。

Động từ đứng đằng sau「までに」là động từ diễn tả động tác hoàn thành chỉ trong 1 thời điểm. Chẳng hạn như「返す」「出す」「終わる」「決める」.

❶ レポートは、12月 15日**までに**　出して　ください。

❷ 国へ　帰る**までに**　富士山に　登りたい。

3時**まで** ここに いて ください。

3時**までに** ここに 来て ください。

確認ドリル

つぎの｛　｝の 正しいほうを えらんで、○を 書いて ください。

(1) そふは 100歳｛ まで・までに ｝ 生きた。

(2) 3時｛ まで・までに ｝ 帰ってきます。

(3) 雨が やむ｛ まで・までに ｝ 外に 出ないで ください。

(4) 初めは できなくても、できる｛ まで・までに ｝ がんばります。

➡ 答えは別冊 p.14

くらべて わかる

○ 夕飯**まで** 宿題を しなさい。

○ 夕飯**までに** 宿題を しなさい。

＊上の 文は「今から 夕飯の 時間まで、ずっと 宿題を し続ける」こと、下の 文は「夕飯より前に 宿題を して しまう」ことを 表しています。

○ 申し込みは いつ**まで** できますか。

○ 申し込みは いつ**までに** したら いいですか。

＊上の 文は「まだ 時間が あるとき」に 多い 言い方です。「時間が どれくらい あるか」が 聞きたいことです。下の 文は「あまり 時間が ないとき」に 多い 言い方です。「いつまでに しなければ ならないか」が 聞きたい ことです。

○ 今日は 10時**まで** 寝ていました。

○ 今日は 10時**までに** 起きよう。

＊動詞「～ている」の 形は、「まで」と 一緒に 使います。上の 文は、寝ている 時間の 終わりを 表しています。下の 文は、起きなければ ならない 最後の時間を 表しています。

UNIT 8「～しか」「～だけ」をくらべてみよう

▼おもな はたらき

～しか	**ほかのものを打(う)ち消(け)す。**	Negates other options. 排除其他事情。 Loại bỏ những thứ khác.
～だけ	**それ一(ひと)つを取(と)り上(あ)げる。**	Brings up a single option. 只有。 Chỉ đưa ra một.

ポイント 1

「**しか**」は、「A**しか**B**ない**」の形(かたち)で、「AのほかにはBない」ということを表(あらわ)します。「A以外(いがい)にはない」ことに否定的(ひていてき)なニュアンスを含(ふく)むことが多(おお)いです。

「しか」is used in the form「A しか B ない」to express "There is no B other than A." It often includes a negative nuance to "Nothing exists other than A."

「しか」是以「A しか B ない」的形式表示「除 A 以外没有 B」的意思。多用于「除了 A 以外没有其他」的否定含义。

「しか」dùng ở dạng mẫu câu「A しか B ない」, diễn đạt ý. Trong câu「A 以外には ない」thường mang ý nghĩ phủ định.

❶ 机(つくえ)の　上(うえ)には、パソコン**しか**　置(お)いていなかった。

❷ お酒(さけ)は　ビール**しか**　飲(の)めません。

ポイント2

「**だけ**」は、「A**だけ**B」の形で、「ほかはBではないが、AはBだ」ということを表します。「Aを選ぶ、Aが残る」ことを客観的または肯定的に伝えます。

「だけ」is used in the form「A だけ B」to express "Others are not B, but A is B." It is used to convey choosing A, or A remaining in an objective or positive way.

「だけ」是以「A だけ B」的形式表示「其他的不是 B，只有 A 是 B」的意思。表达「选择 A 或保留 A」客观或肯定的语气。

「だけ」dùng ở dạng mẫu câu「A だけ B」, diễn đạt ý「ほかは B ではないが、A は B だ」. Khẳng định hoặc thể hiện một cách khách quan rằng「A を選ぶ、A が残る」.

❶ 飲み物**だけ**　買ってきた。

❷ 彼女**だけ**、N4 に　合格した。

ポイント3

「**しか**」は、「思っていたよりも数や量が少なくて足りない」という気持ちを表します。

「しか」expresses the feeling of "The number or amount is less than thought and is lacking."

「しか」表示"某物的数量预想的要少，不够。"的语气

「しか」diễn đạt ý「思っていたよりも 数や 量が 少なくて 足りない」.

❶ いすが　２つ**しか**　ない。

❷ 今、3000円**しか**　持っていない。

くらべて わかる

A：日本語は　わかりますか。

　B₁：はい、少し**だけ**　わかります。

　　＊肯定的なニュアンス Positive nuance ／肯定的语气／ ý khẳng định

　B₂：すみません、少し**しか**　わかりません。

　　＊否定的なニュアンス Negative nuance ／否定语气／ ý phủ định

グエンさん**しか** いませんでした

グエンさん**だけ** 来ました

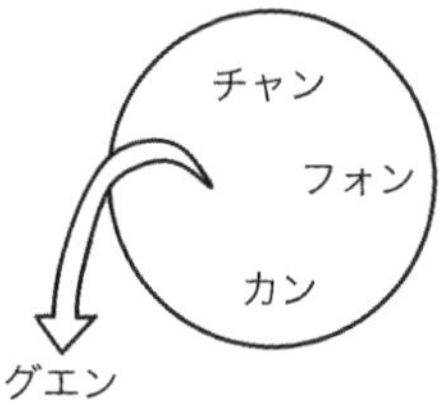

確認ドリル　つぎの｛　　｝の　正しいほうを　えらんで、○を　書いて　ください。

(1) リンさん｛　だけ　・　しか　｝に　本当の　ことを　話した。

(2) ホセ：あっ！　しゅくだいを　持ってくるの、わすれた！
　　ワン：ホセさん｛　だけ　・　しか　｝じゃ　ないよ。私も　わすれた。

(3) 山田：何か　外国語を　話せますか。
　　田中：いいえ、日本語｛　だけ　・　しか　｝話せません。

(4) A：いつも　一番　早く　学校に　来ているね。
　　B：うん。でも、｛　1回だけ じゅぎょうに おくれた ことが ある　・　1回しか じゅぎょうに おくれた ことが ない　｝よ。

➡ 答えは別冊 p.14

くらべて わかる

○ この　クラスに、留学生は　2人**しか**　いない。
○ この　クラスに、留学生は　2人**だけ**　いる。

＊「2人」という 人数は 同じだけれども、「Aしか Bない」は「少なくて、残念だ」という 気持ちで 使われる ことが 多いです。
While the number of people is the same,「2人」,「A しか B ない」is often used to mean "it's too bad there are so few."
两个人人数相同,「A しか B ない」多表达「数量很少，有点遗憾」的意思。
Cùng con số「2人」nhưng「A しか B ない」thường được sử dụng với ý nghĩa「少なくて、残念だ」.

○ ここには　名前**しか**　書かないで　ください。
○ ここには　名前**だけ**　書いて　ください。

＊同じ ことを 伝えていますが、「Aしか Bない（で ください）」の ほうが、相手に 対して 強い 調子に なります。
While these convey the same thing,「A しか B ない（でください）」takes a stronger tone with the person being spoken to.
虽然是同样的话，但是「A しか B ない（でください）」有提醒对方注意的语气。
Cùng diễn đạt 1 ý nhưng「A しか B ない（でください）」có ý nhận mạnh hơn với người nghe.

UNIT 9 「～て」「～ので」「～から」をくらべてみよう

▼おもな はたらき

～て	原因や理由を示す ある動作・状態から次の動作・状態に移る様子を表す	Indicates a cause or reason Expresses moving from one action or state to another action or state 表示原因或理由 表示从某个动作 / 状态到下一个动作 / 状态 Chỉ nguyên nhân, lí do Diễn tả việc chuyển từ hành động, trạng thái này sang hành động, trạng thái tiếp theo
～ので	事情を説明する ていねいな言い方	Explains a situation A polite way of speaking 说明情况　有礼貌的说法 Giải thích sự tình　Cách nói lịch sự
～から	理由をはっきり示す ていねいな印象はない	Clearly indicates a reason Does not carry a polite impression 明确说明原因　给人的印象不太有礼貌 Trình bày rõ lí do Không có ấn tượng lịch sự

ポイント1

「て」に続いて、結果や感想などが述べられます。気持ちを表すことば（❶）や、不可能を表すことば（❷）、あいさつのことば（❸）が来ます。
（つづ　　　　　　けっか　かんそう　　　　　　　　　の　　　　　　　　　　　　　　　きも　あらわ）
（ふかのう　あらわ　　　　　　　　　　　　　　　　　　　　　　　　き）

「て」can be followed by stating a result, impression, etc. It is followed by words that express feelings (❶), words that express impossibility (❷), or words that express greeting (❸).

「て」之后，说明结果或感想。有表达感情的(❶)或有表达不可能的(❷)有表达问候的(❸)。

Tiếp sau「て」thường nói về kết quả, cảm tưởng. Thường là những từ thể hiện cảm xúc ❶ , thể hiện khả năng không thể ❷ hay lời chào ❸ .

❶ ニュースを　聞い**て**、おどろいた。

ことばの例　びっくりした　安心した　困った　うれしかった　かなしかった　残念だった
（れい）　　　　　　　　　（あんしん）（こま）
（ざんねん）

❷ 時間が　なく**て**、連絡できませんでした。

ことばの例　聞こえません　見えません
動詞の可能形の否定形（読めませんでした　寝られませんでした　など）
（どうし　かのうけい）（ひていけい）（よ）　　　　　　　　（ね）

❸ 遅れ**て**、すみませんでした。

ことばの例　ありがとう　すみません　ごめんなさい

💡ポイント2

「**ので**」は相手に事情を説明したいときに使います。**ていねい**な印象があります。
_{あいて}　_{じじょう}　_{せつめい}　　_{つか}　　　　　　　　　　_{いんしょう}

「ので」is used when wishing to explain a situation to someone. It carries a polite impression.
「想向对方说明情况时用「ので」，是一种有礼貌的表现。
「ので」dùng khi muốn giải thích sự tình với người nghe. Có bao hàm ý lịch sự

● 頭が　痛い**ので**、帰っても　いいでしょうか。
　_{あたま}　_{いた}　　　_{かえ}

❗ 自分の失敗などを説明するときは、「**ので**」を使ったほうがいいです。「**から**」を使うと、
_{じぶん}　_{しっぱい}　　_{せつめい}　　　　　　　　　　_{つか}　　　　　　　　　　　　　_{つか}

「自分は悪くない」と言っているように聞こえてしまうからです。
_{じぶん}　_{わる}　　　_い　　　　　　　　_き

「ので」is the better choice when explaining one's own mistakes, etc. This is because using「から」makes it sound like you are not accepting blame.
当解释自己的过失时，最好使用「ので」。这是因为使用「から」听起来就像你在说"这不是我的错"的感觉。
Khi giải thích về sai sót của mình thì nên dùng 「ので」. Nếu dùng 「から」sẽ giống như đang muốn nói 「自分は悪くない」.

💡ポイント3

「どうしてですか」「なぜですか」に答えるときは、「**～から**です」を使います。
　　　　　　　　　　　　　　　　　　　_{こた}　　　　　　　　　　　　　_{つか}

これが理由だと、はっきり示すからです。
　　　_{りゆう}　　　　　_{しめ}

※「～のでです」という言い方はありません。
　　　　　　　　　　_{かた}

「～からです」is used when answering「どうしてですか」or「なぜですか」because it clearly indicates the reason.
※「～のでです」is not an expression that is used.
回答「どうしてですか」「なぜです」时，使用「～からです」。强调这就是理由。
※ 不说「～のでです」
Khi trả lời cho câu hỏi 「どうしてですか」「なぜですか」thì dùng cách trả lời 「～からです」để thể hiện rõ ràng đây chính là lí do.
※ Không có cách nói 「～のでです」.

❶ 明日は　クリスマスだ**から**、レストランは　とても　込んでいるだろう。
　_{あした}　　　　　　　　　　　　　　　　　　　　　_こ

❷ A：どうして　大阪に　住んでいますか。
　　　　　　　_{おおさか}　　_す
　 B：この　町が　好きだ**から**です。
　　　　　_{まち}　_す

で×に

に×へ

と×に

は×が

を×から

と×や×か

まで×までに

しか×だけ

て×ので×から

確認ドリル

つぎの ｛　　｝の 中の ことばは どれが 使えますか。
使える ものを すべて えらんで ○を 書いて ください。

⑴ 映画に さそって ｛ くれて ・ くれたので ・ くれたから ｝、
ありがとう。

⑵ 電車が 止まって ｛ いて ・ いたので ・ いたから ｝ 遅れました。
すみません。

⑶ ニュースを ｛ 聞いて ・ 聞いたので ・ 聞いたから ｝、おどろきました。

⑷ 時間が ｛ なくて ・ ないから ｝、早く しろ。

⑸ 雨が ｛ 降ってきたから ・ 降ってきて ｝、まどを 閉めてください。

⑹ 先生：どうして 明日、休むのですか。
学生：歯医者に 行く ｛ から ・ ので ｝ です。

➡ 答えは別冊 p.14

くらべて わかる

○ 教えてくれ**て**、ありがとう

✕ 教えてくれた**ので**、ありがとう。

✕ 教えてくれた**から**、ありがとう。

＊ うしろの ことばが「すみません」や「ありがとう」など あいさつの ことばの とき、「**て**」を 使います。

○ 電車が 止まってい**て**、遅れました。すみません。

○ 電車が 止まっていた**ので**、遅れました。すみません。

△ 電車が 止まっていた**から**、遅れました。すみません。

＊ 事情を 説明したい ときは、「**ので**」を 使うのが 一番 いいです。

✕ のどが かわい**て**、お茶が 飲みたいです。

○ のどが かわいた**ので**、お茶が 飲みたいです。

○ のどが かわいた**から**、お茶が 飲みたいです。

＊ うしろの ことばが 意志を 表す ことば（～たい ほしい ～ください ～なさい など）の とき、「て」は 使えません。

UNIT10「～よ」「～ね」をくらべてみよう

▼おもな はたらき

～よ	相手に事実や情報を知らせる	Informing someone of facts or information 向对方传达 / 通知实和信息 Thông báo cho người nghe về thông tin, sự thực.
～ね	相手と情報を共有する 相手と共感することを求める 再確認をする	Sharing information with someone Seeking sympathy with someone Reconfirming something 与对方分享信息 希望对方与自己同感 再次确认 Chia sẻ thông tin với người nghe Mong đợi sự đồng cảm từ người nghe Xác nhận lại

ポイント1

「**よ**」は「自分が知っていて、相手が知らないこと」を知らせたいときに使います。相手に何か教えたり、注意したり、自分の意見を伝えたりするときに使います。

「よ」is used when wishing to inform someone of something that you know but they do not know. It is used when teaching someone something, warning them, or conveying your own opinion.

「よ」用于想让某人知道你知道但对方不知道的事情，也可以用在想告诉某人某事、提醒某人注意或传达自己意见。

「よ」dùng khi muốn thông báo rằng「自分が知っていて、相手が知らないこと」. Dùng khi muốn chỉ, chú ý hay truyền đạt ý kiến của mình cho người nghe.

❶ A：スマホ、テーブルの　上に　忘れていますよ。
B：あ！　ありがとうございます。

❷ A：この本は　面白いですよ。
B：そうですか。今度、読んでみたいです。

ポイント2

「**ね**」は「自分も相手も知っていることや思っていること、感じていること」について、**共感**を求めたり、**再確認**したりするときに使います。

「ね」is used about something that both you and the other party know or feel in order to seek sympathy or reconfirmation.
「ね」对彼此都知道或有同感的事情，希望对方于自己同感或再确认。
「ね」dùng khi muốn nhận được sự đồng cảm hay xác nhận lại về「自分も相手も知っていることや思っていること、感じていること」.

❶ A：今日は　寒い**ね**。
　B：そうだ**ね**。

❷ A：あのう、山田さんです**ね**？
　B：ええ、そうです。

ポイント3

目上の人や客と話すとき、「**よ**」を使いすぎると、印象が悪くなることがあります。気をつけましょう。

Overusing「よ」when speaking to a superior or customer may create a bad impression. Be careful.
与长辈或客人交谈时，过多使用「よ」会给人留下不好的印象。请注意。
Khi nói chuyện với người lớn tuổi hơn hay với khách hàng, nếu dùng「よ」quá nhiều sẽ tạo ấn tượng không tốt nên cần hết sức chú ý.

● 〈ホテルで〉
客：レストランは　どこですか。
スタッフ：どうぞ、こちらです**よ**。

! 面接などで質問に答えるときは、「よ」や「ね」を使いません。

「よ」and「ね」are not used when answering questions in situations like interviews.
面试中回答问题时，请勿使用「よ」或「ね」。
Khi trả lời câu hỏi trong phỏng vấn thì không được dùng「よ」や「ね」.

確認ドリル（かくにん）　つぎの　〔　〕の　正しい（ただ）　ほうを　えらんで、○を　書いて（か）ください。

❶　A：昨日の（きのう）　試合（しあい）、どうだった？
　　B：勝った（か）｛　よ・ね　｝。

❷　A：あ、リュック、開いています（あ）｛　よ・ね　｝。
　　B：あ、ほんとだ。ありがとう。

❸　〈2人で（ふたり）　空を（そら）　見上げながら（みあ）〉
　　A：雨（あめ）、ふりそうだ①｛　よ・ね　｝。
　　B：そうだ②｛　よ・ね　｝。

❹　〈先生が（せんせい）　説明しています（せつめい）〉
　　先生（せんせい）：わかりました｛　よ・ね　｝。
　　学生（がくせい）：はい、わかりました。

❺　〈面接で（めんせつ）〉
　　A：お名前を（なまえ）　教えてください（おし）。
　　B：田中（たなか）　しょうへいと　申します（もう）①｛　よ・ね・×　｝。
　　A：日曜日も（にちようび）　働けますか（はたら）。
　　B：はい、働けます（はたら）②｛　よ・ね・×　｝。

➡ 答えは別冊（こた）（べっさつ） p.14

で×に
に×へ
と×に
は×が
を×から
と×や×か
まで×までに
しか×だけ
て×ので×から
よ×ね

くらべて わかる

〈Bさんが　ハンカチを　落としました。〉

○A：あ、ハンカチが　落ちました**よ**。

　B：ありがとう。

×A：あ、ハンカチが　落ちました**ね**。

　B：ありがとう。

＊Bさんは ハンカチを 落としたことに 気づいていません。Aさんは Bさんの **知らない ことを 知らせる**ので「よ」を 使います。

〈Bさんは、日本に いる Aさんに 会いに 来ます。2人は 電話で 話しています。〉

○A：もうすぐ　会える**ね**。

　B：楽しみだ**ね**。日本は　今、寒い？

　A：ううん、寒くない**よ**。

＊Aさんも Bさんも、「来週 会える」ことが わかっています。「ね」を 使って、**共感**を 表します。

＊Bさんは まだ 日本に 来ていません。Aさんは Bさんに 教えているので、「よ」を 使います。

〈2人で　同じ　ケーキを　食べながら〉

○A：このケーキ、おいしい**ね**。

　B：うん、とっても　おいしい**ね**。

＊Aさんは、同じ ケーキを 食べている Bさんに 同じ 気持ちですかと 聞いています。**同意**/**共感**を 求めているので、「ね」を 使います。

○店員：ホットコーヒーが　2つです**ね**。

　客：はい。

×店員：ホットコーヒーが　2つです**よ**。

　客：はい。

＊店員が 客に、注文が 合っているか **確認**して います。確認する ときは、「ね」を 使います。

A：お名前は？

○B_1：マリーです。

×B_2：マリーです**よ**。

×B_3：マリーです**ね**。

＊面接などの 質問に 答える ときは、「ね」や「よ」を 使いません。

ドリル 1 （　　）に 何(なに)を 入(い)れますか。１・２・３・４から いちばん いい ものを 一(ひと)つ えらんで ください。　（１点(てん)× 10）

/10

1 私(わたし)は 毎朝(まいあさ) ニュース（　　） 見(み)ます。
１ が　　２ は　　３ を　　４ で

2 今日(きょう)は もう つかれた（　　） 寝(ね)ます。
１ なら　　２ ので　　３ まで　　４ より

3 森先生(もりせんせい)（　　） 会(あ)うことが できて、よかったです。
１ が　　２ と　　３ へ　　４ を

4 青木先生(あおきせんせい)は いつも 私(わたし)たち（　　） 笑(わら)わせて くれます。
１ が　　２ に　　３ で　　４ を

5 この お寺(てら)は 1200年(ねん)ごろ（　　） 建(た)てられました。
１ が　　２ で　　３ に　　４ は

6 レポートは ７月(がつ) 15日(にち)（　　） 出(だ)さなければならない。
１ から　　２ なら　　３ までに　　４ より

7 パンダの 赤(あか)ちゃんの 名前(なまえ)（　　） 何(なに)に なりましたか。
１ が　　２ で　　３ は　　４ を

8 キャンセルする（　　） 早(はや)く した ほうが いい。
１ なら　　２ まで　　３ までに　　４ より

9 その かぎの 番号(ばんごう)は 父(ちち)（　　）知(し)らないんです。
１ が　　２ に　　３ しか　　４ なら

10 この道(みち)（　　） まっすぐ 行(い)くと、駅(えき)です。
１ に　　２ へ　　３ で　　４ を

ドリル 2 （　　）に 何を 入れますか。1・2・3・4から いちばん いい ものを 一つ えらんで ください。（1点×10）

/10

1 フランス（　　）ワインが 好きです。

1 で　2 も　3 に　4 の

2 富士山（　　）登りたいです。

1 が　2 に　3 で　4 へ

3 お客様、こちら（　　）どうぞ。

1 が　2 と　3 へ　4 は

4 毎朝 パン（　　）卵を 食べます。

1 と　2 を　3 で　4 も

5 国で 1か月（　　）日本語を 勉強しました。

1 に　2 で　3 しか　4 だけ

6 だれも 部屋（　　）出ませんでした。

1 で　2 が　3 から　4 まで

7 台風（　　）大雨が 降りました。

1 と　2 に　3 で　4 も

8 仕事を 休んだのは、かぜを ひいた（　　）です。

1 ので　2 から　3 まで　4 だけ

9 きのうは 掃除（　　）洗濯（　　）を しました。

1 しか　2 とか　3 より　4 など

10 18歳ですから、お酒（　　）たばこ（　　）だめですよ。

1 も　2 と　3 や　4 など

ドリル 3

（　　）に　何(なに)を　入(い)れますか。１・２・３・４から　いちばん　いい　ものを　一(ひと)つ　えらんで　ください。（１点(てん)×10）

/10

1 毎朝(まいあさ)　うち（　　　）　朝(あさ)ご飯(はん)を　食(た)べます。

1　に　　2　は　　3　を　　4　で

2 今日(きょう)は　きのう（　　　）　暑(あつ)いです。

1　なら　　2　ので　　3　まで　　4　より

3 スポーツが　好(す)きで、サッカー（　　　）　テニスを　します。

1　に　　2　も　　3　や　　4　を

4 新(あたら)しい　部屋(へや)は　広(ひろ)い（　　　）、　きれいだ。

1　し　　2　と　　3　とか　　4　たり

5 Ａ：来週(らいしゅう)の　パーティー、行(い)く？

Ｂ：うん、行(い)く（　　　）。

1　ね　　2　よ　　3　な　　4　か

6 Ａ：きのうは　外出(がいしゅつ)しませんでした。

Ｂ：私(わたし)（　　　）　ずっと　家(いえ)に　いました。

1　は　　2　も　　3　が　　4　と

7 会話(かいわ)は　少(すこ)し　できる（　　　）、　文法(ぶんぽう)は　難(むずか)しい。

1　から　　2　なら　　3　ので　　4　けれど

8 「禁煙(きんえん)」は　たばこを　すう（　　　）と　いう　意味(いみ)です。

1　ね　　2　よ　　3　な　　4　か

9 今日(きょう)は　友(とも)だち（　　　）　いっしょに　公園(こうえん)へ　行(い)きました。

1　と　　2　に　　3　を　　4　の

10 Ａ：だれか　掃除(そうじ)を　手伝(てつだ)ってくれませんか。

Ｂ：私(わたし)（　　）　手伝(てつだ)います。

1　は　　2　が　　3　も　　4　を

● 著者

氏原　庸子（大阪 YWCA）
清島　千春（大阪 YWCA）
井関　　幸（大阪 YWCA）
影島　充紀（大阪 YWCA）
佐伯　玲子（大阪 YWCA）

本文レイアウト・DTP　オッコの木スタジオ
カバーデザイン　花本浩一
本文イラスト　山口晴代
翻訳　Alex Ko Ransom　司馬黎　Nguyen Van Anh

ご意見・ご感想は下記の URL までお寄せください。
https://www.jresearch.co.jp/contact/

くらべてわかる
てにをは 日本語助詞ドリル　入門・初級コース

令和 6 年（2024 年） 7 月 10 日　初版第 1 刷発行

著　者　氏原庸子・清島千春・井関幸・影島充紀・佐伯玲子
発行人　福田 富与
発行所　有限会社 J リサーチ出版
〒 166-0002　東京都杉並区高円寺北 2-29-14-705
電　話　03(6808)8801（代）　FAX 03(5364)5310
編集部　03(6808)8806
https://www.jresearch.co.jp
印刷所　株式会社 シナノ パブリッシング プレス

ISBN 978-4-86392-623-3　禁無断転載。なお、乱丁、落丁はお取り替えいたします。

くらべてわかる
てにをは 日本語助詞ドリル 入門・初級コース

別冊

確認ドリルの 答え

[Supplement] Answers to Confirmation Drills

［分册］确认练习的答案

[Phụ lục] Đáp án bài luyện tập

グループ 1

UNIT1 ～に

確認ドリル1

(1) 2かい（に）
(2) きょうしつ（に）
(3) ほっかいどう（に）

確認ドリル2

(1) いえの近(ちか)く（に）
(2) あそこ（に）
(3) えきの前(まえ)（に）
(4) 空(あ)いているせき（に）

確認ドリル3

(1) かんこく（に）
(2) ぎんこう（に）
(3) 駅(えき)（に）
(4) コンサート会場(かいじょう)（に）

確認ドリル4

(1) かばん（に）
(2) キッチンのかべ（に）
(3) つくえの上(うえ)（に）
(4) しんかんせん（に）
(5) カレンダー（に）

確認ドリル5

(1) 私(わたし)たち（に）
(2) 国(くに)の母(はは)（に）
(3) 先生(せんせい)（に）
(4) 子(こ)ども（に）

確認ドリル6

(1) （に）
(2) （×）
(3) （に）
(4) （に）

確認ドリル7

(1) 1日(にち)（に）
(2) 1か月(げつ)（に）
(3) 1年(ねん)（に）

確認ドリル8

(1) ① お母(かあ)さん　② 子(こ)ども
(2) ① 私(わたし)　② 友(とも)だち

確認ドリル9

(1) きれい（に）
(2) 買(か)い物(もの)（に）
(3) 社員(しゃいん)（に）
(4) おいわい（に）

UNIT2 ～へ

確認ドリル1

(1) 私(わたし)の家(いえ)（へ）
(2) 南(みなみ)のほう（へ）
(3) きょうと（へ）
(4) 国(くに)（へ）

確認ドリル2

(1) 先生(せんせい)（へ）
(2) みなさま（へ）
(3) 母(はは)（へ）

UNIT3　～で

確認ドリル1

⑴ 公園（こうえん）（で）
⑵ スーパー（で）
⑶ 国（くに）（で）
⑷ イベント（で）

確認ドリル2

⑴ 自転車（じてんしゃ）（で）
⑵ 日本語（にほんご）（で）
⑶ スマホ（で）
⑷ ナイフ（で）

確認ドリル3

⑴ 台風（たいふう）（で）
⑵ かぜ（で）
⑶ 音（おと）（で）

確認ドリル4

⑴ じゃがいも（で）
⑵ いちご（で）
⑶ マンガ（で）

確認ドリル5

⑴ かぞく（で）
⑵ 生（なま）（で）

確認ドリル6

⑴ 後（あと）（で）
⑵ ３分（ぷん）（で）
⑶ 110円（えん）（で）
⑷ 半年（はんとし）（で）

UNIT4　～の

確認ドリル1

⑴ どこ（の）
⑵ いくら（の）
⑶ なん（の）
⑷ だれ（の）

確認ドリル2

⑴ 山田（やまだ）さんの
　 山田（やまだ）さんのかさ
⑵ 山田（やまだ）さんの
⑶ A：何時（なんじ）の
　 B：５時（じ）／５時（じ）の

確認ドリル3

⑴（の）間（あいだ）
⑵（の）前（まえ）
⑶（の）近（ちか）く
⑷（の）上（うえ）

確認ドリル4

⑴ しゅと（の）とうきょう
⑵ こうはい（の）グエンさん
⑶ アナウンサー（の）兄（あに）

確認ドリル5

⑴ やさい（の）りょうり
⑵ 会社（かいしゃ）（の）ルール
⑶ コート（の）せんたく
⑷ おや（の）きぼう

UNIT5 ～と

確認ドリル1

(1) チャンさんと

(2) かぞくと

(3) 人と
 <ひと>

(4) 子どもと
 <こ>

確認ドリル2

(1) ワンさんは「ありがとう」と言い
 <い>
 ました。

(2) 「絵にさわらないでください」と
 <え>
 紙に書いてあります。／
 <かみ> <か>
 紙に「絵にさわらないでください」
 <かみ> <え>
 と書いてあります。
 <か>

(3) 医者はお酒をやめろと言いました。
 <いしゃ> <さけ> <い>

確認ドリル3

(1) にく（と）やさい

(2) 私のかお　母（と）
 <わたし> <はは>

(3) 時間（と）お金
 <じかん> <かね>

(4) 私の考え方　夫（と）
 <わたし> <かんが> <かた> <おっと>

UNIT6 ～を

確認ドリル1

(1) ○起こし
 <お>

(2) ○消し
 <け>

(3) ○落とし
 <お>

(4) ○割り
 <わ>

確認ドリル2

(1) 警官（は）私（に）自転車（を）
 <けいかん> <わたし> <じてんしゃ>
 とめさせた。

(2) 先生（は）学生（に）漢字（を）
 <せんせい> <がくせい> <かんじ>
 書かせた。
 <か>

(3) 母親（は）子ども（に）ゲーム（を）
 <ははおや> <こ>
 させた。

(4) 父親（は）子ども（に）お茶（を）
 <ちちおや> <こ> <ちゃ>
 飲ませた。
 <の>

確認ドリル3

(1) コーチ（は）選手を15分
 <せんしゅ> <ふん>
 休ませた。
 <やす>

(2) 医者（は）患者（を）ベッド（に）
 <いしゃ> <かんじゃ>
 寝かせた。
 <ね>

(3) 周りの人（は）おばあさん（を）
 <まわ> <ひと>
 いすにすわらせた。

(4) 友だち（は）私（を）30分も
 <とも> <わたし> <ふん>
 待たせた。
 <ま>

確認ドリル4

(1) 飛んで
 <と>

(2) 上って
 <のぼ>

(3) 歩いて
 <ある>

(4) 泳いで
 <およ>

確認ドリル5

(1) 入(はい)った
(2) 通(とお)った
(3) 曲(ま)がった
(4) すぎた

確認ドリル6

(1) 学校(がっこう)
(2) 会社(かいしゃ)
(3) しんかんせん
(4) くうこう

UNIT7　～が

確認ドリル1

(1) c
(2) d
(3) a
(4) b

確認ドリル2

(1) いつ
(2) どんな
(3) なに
(4) どれ

確認ドリル3

(1) ○冷(ひ)えて
(2) ○並(なら)んで
(3) ○乗(の)って
(4) ○開(あ)いて

確認ドリル4

(1) ① にがて／だめ
　　② だめ／にがて
(2) じょうず
(3) わからない
(4) すき

確認ドリル5

(1) あった
(2) いた
(3) いる
(4) あった

確認ドリル6

(1) 行(い)った
(2) 飲(の)まない
(3) 歌(うた)った
(4) 休(やす)んだ

確認ドリル7

(1) におい
(2) あじ
(3) おと
(4) こえ

確認ドリル8

(1) が
(2) を
(3) が
(4) を

確認ドリル9

⑴ b

⑵ c

⑶ d

⑷ a

確認ドリル10

⑴ 私はこうがいにひっこしたので、朝、家を早く出なければならなくなった。

⑵ 子どもが 18 さいになったら、大人としての責任が生まれる。

⑶ 私はたくさん歩くと、ひざがいたくなる。

⑷ 友だちが電話をかけてきたとき、私は食事中だった。

確認ドリル11

⑴ 母が書いた手紙を私は大切にしています。／私は母が書いた手紙を大切にしています。

⑵ 私の子どもは、大学まで行くことができる幼稚園に入りました。

⑶ 姉は、パリで買ったかばんをくれました。

⑷ 私が毎年楽しんでいる公園のサクラの木が切られました。

UNIT8 ～から

確認ドリル1

⑴ 先月

⑵ 春

⑶ 子どものころ

⑷ ２万年前

確認ドリル2

⑴ c

⑵ d

⑶ b

⑷ a

確認ドリル3

⑴ 南

⑵ あっちのほう

⑶ 空

⑷ 山のほう

確認ドリル4

⑴ ㋑

⑵ ㋓

⑶ ㋐

⑷ ㋒

確認ドリル5

⑴ 入って

⑵ そうじして

⑶ かぞえて

⑷ 始まって

確認ドリル6

(1) ◯に
(2) ◯まで
(3) ◯まで
(4) ◯へ

確認ドリル7

(1) でんわ
(2) そうだん
(3) 聞(き)かれます
(4) ほめられた

確認ドリル8

(1) はとはの間(あいだ)
(2) となりの家(いえ)
(3) まど
(4) さいしょ

確認ドリル9

(1) ◯で
(2) ◯から
(3) ◯から
(4) ◯から

UNIT9　～まで

確認ドリル1

(1) 駅(えき)
(2) 月(つき)
(3) ゴール
(4) くび

確認ドリル2

(1) c
(2) d
(3) a
(4) b

確認ドリル3

(1) 8時間(じかん)
(2) 3日(か)
(3) 60人(にん)
(4) 5000円(えん)

確認ドリル4

(1) 朝(あさ)
(2) こまかいところ
(3) 水(みず)
(4) どうろ

UNIT10　～より

確認ドリル

(1) ① 朝(あさ)
② 夜(よる)
(2) ① 古(ふる)い店(みせ)
② 新(あたら)しい店(みせ)
(3) ① 友(とも)だちがいない金持(かねも)ち
② 友(とも)だちが多(おお)い貧乏(びんぼう)な人(ひと)
(4) ① こうちゃ
② コーヒー

グループ 2

UNIT1 ～と

確認ドリル

(1) 兄(あに)と
(2) ぶんぽうと
(3) サッカーと
(4) 食(た)べるのと
(5) ゆうびんきょくと

UNIT2 ～も

確認ドリル

(1) ①も　②も
(2) が
(3) も

UNIT3 ～や

確認ドリル

(1) や
(2) ①と　②と
(3) と
(4) や／や

UNIT4 ～し

確認ドリル1

(1) も
(2) かるい
(3) 元気(げんき)だ
(4) 楽(らく)だ
(5) 安(やす)くておいしい

確認ドリル2

(1) いいし
(2) きれいだし
(3) 寒(さむ)かったし
(4) 聞(き)いたし
(5) 画家(がか)だし

UNIT5 ～たり

確認ドリル1

(1) 飲(の)んだり
(2) 買(か)ったり
(3) 払(はら)ったり
(4) 聞(き)いたり
(5) したり

確認ドリル2

(1) 書(か)いたり
(2) 聞(き)いたり
(3) 泣(な)いたり
(4) 買(か)ったり
(5) おどったり

確認ドリル3

(1) 行(い)かなかったり
(2) 作(つく)ったり
(3) 甘(あま)すぎたり
(4) しんせつだったり
(5) まけたり

グループ 3

UNIT1　～は

確認ドリル 1

(1) b
(2) c
(3) a
(4) d

確認ドリル 2

(1) d
(2) b
(3) a
(4) c

確認ドリル 3

(1) a
(2) d
(3) c
(4) b

確認ドリル 4

(1) d
(2) c
(3) a
(4) b

確認ドリル 5

(1) 今(いま)
(2) 弟(おとうと)
(3) 仕事(しごと)
(4) ねこ

確認ドリル 6

(1) ○60 てん
(2) ○行(い)きたい
(3) ○かかります

UNIT2　～も

確認ドリル

(1) ○も
(2) ○は
(3) ○も
(4) ○も
(5) ○は

UNIT3　～だけ

確認ドリル

(1) b
(2) d
(3) a
(4) c

UNIT4　～しか

確認ドリル 1

(1) ○女の子(おんなのこ)
(2) ○知(し)りません
(3) ○ひらがな

確認ドリル 2

(1) a
(2) c
(3) b
(4) d

UNIT5 ～なら

確認ドリル1

(1) c
(2) b
(3) d
(4) a

確認ドリル2

(1) それ
(2) 週末（しゅうまつ）
(3) テレビ
(4) 休（やす）み時間（じかん）

グループ4

UNIT1 ～て／で

確認ドリル1

(1) ○ねつがあります
(2) ○おいしい
(3) ○いそがしい

確認ドリル2

(1) b
(2) a
(3) d
(4) c

確認ドリル3

(1) ○着（き）ないで
(2) ○しないで

確認ドリル4

(1) d
(2) a
(3) b
(4) c

確認ドリル5

(1) ○ごうかくできなくて
(2) ○行（い）かなくて

確認ドリル6

(1)　d
(2)　e
(3)　b
(4)　c
(5)　a

確認ドリル7

(1)　c
(2)　a
(3)　d
(4)　b

UNIT2　～けれど

確認ドリル1

(1)　○仕事に行きました
(2)　○がんばって起きていました
(3)　○おいしい
(4)　○明日は用事があるんだ

確認ドリル2

(1)　b
(2)　c
(3)　a

グループ5

UNIT1　～よ

確認ドリル1

(1)　○よ・○×
　　○よ・○×
(2)　○よ・○×
　　○よ・○×
(3)　よ・○×
　　よ・○×
　　よ・○×

確認ドリル2

(1)　もっと早く教えてくださいよ
　　／もっと早く教えてよ
(2)　見ないでくださいよ
　　／見ないです
(3)　ちゃんと閉めてくださいよ

確認ドリル3

(1)　できるよ
(2)　ならないよ
(3)　しないよ

UNIT2　～ね

確認ドリル1

(1)　よかった
(2)　いい

確認ドリル2

(1) ① ね

② ね

(2) ① ね

② ね

③ ね

(3) ① ×

② ね

(4) ×

確認ドリル3

(1) ×

ね

(2) はい、そうですよ

UNIT3 ～な

確認ドリル1

(1) おいしいな

(2) ほしいな

(3) 終(お)わらなかったな

(4) 行(い)きたくないな

確認ドリル2

(1) さわる

(2) 気(き)にする

(3) 入(はい)る

PART 2 くらべて理解(りかい)

UNIT 1 ～で × ～に

確認ドリル

(1) ○で
(2) ○に
(3) ○に
(4) ○で

UNIT 2 ～に × ～へ

確認ドリル

(1) ○に
(2) ○に
(3) ○に・○へ
(4) ○に・○へ

UNIT 3 ～と × ～に

確認ドリル

(1) ○と
(2) ○に
(3) ○と
(4) ○と・○といっしょに

UNIT 4 ～は × ～が

(1) ① は
② は
③ が
④ が
⑤ が
⑥ が
⑦ が
⑧ は
⑨ が
⑩ が／は
⑪ は
⑫ が
⑬ は
⑭ が
⑮ が

(2) ① は
② が
③ が
④ が
⑤ が
⑥ は
⑦ が
⑧ が
⑨ が
⑩ が
⑪ は

UNIT 5 ～を × ～から

確認ドリル

(1) ○を
(2) ○から
(3) ○から
(4) ○から
(5) ○を
(6) ○を・○から
(7) ○から
(8) ○から

UNIT 6 ～と × ～や × ～か

確認ドリル

(1) ○と
(2) ○や
(3) ① ○か
② ○か
(4) ○と・○や・○か
(5) ○と・○や

UNIT 7 ～まで × ～までに

確認ドリル

(1) ○まで
(2) ○までに
(3) ○まで
(4) ○まで

UNIT 8 ～しか × ～だけ

確認ドリル

(1) ○だけ
(2) ○だけ
(3) ○しか
(4) ○１回(かい)だけじゅぎょうにおくれたことがある

UNIT 9 ～て × ～ので × ～から

確認ドリル

(1) ○くれて
(2) ○いて・○いたので
(3) ○聞(き)いて
(4) ○ないから
(5) ○降ってきたので
(6) ○から

UNIT 10 ～よ × ～ね

確認ドリル

(1) ○よ
(2) ○よ
(3) ① ○ね
② ○ね
(4) ○ね
(5) ○×
○×

まとめドリル

Review Drills／综合练习／Bài luyện tập tổng hợp

ドリル 1

1 3
2 2
3 2
4 4
5 3
6 3
7 3
8 1
9 3
10 4

ドリル 2

1 4
2 2
3 3
4 1
5 4
6 3
7 3
8 2
9 2
10 1

ドリル 3

1 4
2 4
3 3
4 1
5 2
6 2
7 4
8 3
9 1
10 2